人力资源数字化转型

—— 策略、方法、实践 ——

刘洪波 ························ 著

清华大学出版社
北京

内 容 简 介

本书作者通过在推进人力资源数字化转型过程中的亲身经历和思考，总结了人力资源数字化转型必须具备的核心基础和成功要素，并介绍了当前数字化技术在人力资源管理领域的科技场景应用，描绘了人力资源从业人员未来的发展方向。同时，该书还系统地介绍了数字化人力资源系统项目的实施路径，主要包括项目研究、项目规划、项目需求、实施模式、商务管理、开发实施等内容。

本书适合人力资源从业者参考或学习。

本书封面贴有清华大学出版社防伪标签，无标签者不得销售。
版权所有，侵权必究。举报：010-62782989，beiqinquan@tup.tsinghua.edu.cn。

图书在版编目（CIP）数据

人力资源数字化转型：策略、方法、实践 / 刘洪波著. —北京：清华大学出版社，2022.4

ISBN 978-7-302-60358-0

Ⅰ. ①人… Ⅱ. ①刘… Ⅲ. ①人力资源管理—数字化—研究—中国 Ⅳ. ①F249.23

中国版本图书馆CIP数据核字（2022）第042246号

责任编辑：杜春杰
封面设计：刘　超
版式设计：文森时代
责任校对：马军令
责任印制：杨　艳

出版发行：清华大学出版社
　　　　　网　　址：http://www.tup.com.cn，http://www.wqbook.com
　　　　　地　　址：北京清华大学学研大厦A座　　邮　　编：100084
　　　　　社 总 机：010-83470000　　邮　　购：010-62786544
　　　　　投稿与读者服务：010-62776969，c-service@tup.tsinghua.edu.cn
　　　　　质量反馈：010-62772015，zhiliang@tup.tsinghua.edu.cn
印 装 者：三河市东方印刷有限公司
经　　销：全国新华书店
开　　本：148mm×210mm　　印　　张：9.125　　字　　数：144千字
版　　次：2022年5月第1版　　印　　次：2022年5月第1次印刷
定　　价：56.00元

产品编号：095004-01

序一

数字人力,"大航海时代"下的新征程

数字化正在以你想象不到的速度发展。早在两年前,打开淘宝,我们还需要去搜索自己想要的产品,如今首页上琳琅满目地排列着所有最近你可能感兴趣的东西,大数据甚至已经比你自己更知道你想要什么。

在数字化时代,人需要靠数字生存,企业更是如此。

一方面,工业4.0打破了互联网企业与工业企业的边界,数字技术引发了传统产业的变革,并将颠覆其商业格局。另一方面,随着刘易斯拐点(即劳动力过剩到短缺的转折点)的到来,人口红利消失将成为数字化转型的新动力,引导劳动力走向效率和智能,从而形成新的数字红利。

无论是商业模式的转型，还是新形态下的组织结构调整，都依赖于人，确切地说是都依赖于对人力资源的管理。未来企业比拼的不仅是人力和财力，更是对人才管理的能力。而企业人才管理水平的提升离不开以重视员工体验、鼓励创新文化为核心的人力资源数字化转型。

因此，人力资源数字化转型已经成为企业发展的必经之路。

成立伊始，DHR（digital HR，数字人力资源）公会就为推动企业人力资源数字化转型而努力。其组织一年一度的数字化人力资源峰会，无远弗届地连接起各地的 DHR 从业者的智慧；发起"老申有约"圆桌风暴，帮助行业里最闪亮的思想火花点燃更多智慧的大脑；持之以恒地调研、走访、采集，以源源不断的报告、白皮书和指南保存行业数据、透视未来愿景。

洪波和我也是因 DHR 公会结缘，他是 DHR 公会各类活动的常客，会认真地吸收和思考活动中涌现的各种观点与想法，并积极地与成员们分享他自己的见解。当洪波找我探讨本书的写作方向时，我颇有些惊讶和欣慰：身为甲方 HR 的他不仅身体力行地在工作中实践和尝试数字化技术与工具，不断接触和学习来自外部的行业资讯，还能将这一路走来的人力资源数字化的感悟进行彻底的梳理，并将它们转化成更有价值的知识形态。

洪波对我说，自提笔以来他每日工作之余都要笔耕2000余字，这其中一以贯之的坚持与恒心令我钦佩。如今拿到书稿，翻看丰满的目录和扎实的内容，我更替他欢喜。多年的时光与智慧凝结成眼前的实物，着实令人心生感慨。

这本书从"思考"与"实施"两大篇章充分展开。

"思考篇"帮助读者建立起对人力资源数字化转型体系化的理解，形成对数字化HR未来趋势的预判。在洪波这本书里，他首先谈到一个问题，即"什么是人力资源数字化转型"，我觉得这个问题非常好。在谈论"怎么做"之前，先要回答"是什么"的问题。

就像我一直说的，人力资源的数字化转型，并不是将企业的生产力以数字技术取代，而是通过社交、移动、分析、云以及AI（人工智能）等技术去重塑人力资源流程，变革人力资源服务，勾画人力资源的全新运营模式，开启数字化时代的员工体验。它不是上一套系统、用一种技术，而是一种新的思维方式和文化变革，即当今时代人们口中的"数字化思维"。我相信，通过阅读本篇，我们可以换一种方式来看待人力资源数字化转型。

而这本书的下半部"实施篇"，则从项目研究、项目规划、需求分析、团队组建、开发实施等多个维度展开，最后还结合自身经验，通过犀利鲜明的10个"不要"言简意赅地总结了转型道路中的"避坑指南"，帮助同行业者少走弯路。

在这样一个争夺稀缺资源的"大航海时代"，数字化已然成为企业的一种生存能力，如果企业高层和人力资源管理者不具备数字化思维，那么就无法看懂企业未来的"寻宝图"。而只有利用数字化思维，才能将企业战略业务数字化与人才数字化相对接，真正实现企业的创新与人才的驱动，为企业打造出一艘"无畏战舰"，助力企业在这场浪潮下站稳脚跟——而这也是我推荐本书的原因。

人力资源的征途唯有数字化转型，才能走得更远。

DHR 公会创始人、大易云计算 CEO

申刚正

2021 年 10 月 31 日

序二 | **人力资源数字化转型，不负你的热爱**

"一朝开始便能够将事业永远继续下去的人是幸福的。"相信每一位人力资源从业者都从骨子里对这份事业充满热爱，也正因着这份热爱，我与洪波在睿控的邀请下从人力资源专业群中结识。

在诸多问题的探讨与争论中，我们发现彼此有诸多共同点：我们都受益于横跨业务与人力线的经历，我们都坚信以人为本的管理理念，我们也都执着于共同的理想——让技术真正赋能管理。在我十余年的海外工程项目管理工作中，既参与过举一国之力的核心工程，也参与过开创对外合作先河的重大项目，我深切地感受到了技术是如何改变一个项目、一家企业，甚至一个国家的。

新一代人工智能吹响了第四次工业革命的号角，

新技术使生产要素发生变化，新的生产关系悄然出现，资本、产业、市场在大规模地向人力资源数字化应用集聚，人力资源管理正开启数字化的新征程。如滴滴、饿了么这类平台，借助强大的智能数据平台系统以少数管理人员撬动数万灵活用工，恰好表明了"向管理要效率"的抓手就是数字化管理能力。疫情下政府倡导共享用工，各地不约而同地选择了线上平台，以期更广范围地传播信息，更精准地促进多方需求对接，更充分地保障员工权益，这说明平台模式与大数据是大势所趋。远程协作平台成为互联网巨头押注的新赛道，越来越多的企业更加重视员工敬业度与员工体验，个性化学习、灵活敏捷组织、组织战略与个人发展深度绑定，无一不需要数字化工具的助力。人力资源管理的数字化转型，正朝着知识、协作、分析、体验飞速发展。

对于企业而言，数字化转型本身就是一场变革，人力资源的数字化转型是其中最关键的一环。企业要稳固自身优势，联合合作伙伴，拥抱数字化转型。睿控就是这样一个可供企业依赖的伙伴，其依托先进的管理理念、年轻专业的团队和领先的数字化信息技术，打造深度联结企业与人才的高效平台，有力支撑企业加速实现管理重塑。

如果一家企业既有洪波这样有理想、有能力的人力系统专家，又有睿控这样有情怀、有实力的专业合作伙伴，再结合本书中的数字化转型实践经验，相信必定会在这场变革中取得胜利。

"鹰击天风壮，鹏飞海浪春。"对于所有人力资源从业者，不管你是初入职场的新人，还是久经沙场的老兵，是 HRBP（人力资源业务合作伙伴）还是 HRVP（人力资源副总裁），希望都能主动加入这场变革，从容面对挑战，借助企业的人力资源数字化转型完成 HR 的华丽转身。

郑海峰
2021 年夏于北京

前言

萌生写这本书想法的时间大概是 2020 年年底。当时，我正负责推进人力资源数字化转型工作，并对原有的人力资源系统进行重构，经历了项目的前期调研、需求梳理、需求评审、技术评审、项目立项、商务谈判和项目实施整个过程。

当初我在接手这个项目时，曾经在线下、线上各类书店努力寻找与人力资源数字化转型相关的书籍或资料。然而，市面上关于将人力资源数字化转型理论付诸实践的资料很少，更多的是侧重于人力资源数字化其他方面的内容，如人力资源大数据分析、人力资源科技趋势等。

之所以想把这本书写出来，是因为想对我在推进人力资源数字化转型过程中的思考和实践进行一个总结，同时也希望这本书能对正在从事或者即将从事人力资源数字化转型工作的朋友有所帮助，但我更希望这本书能够被企业的各级管理者阅读，因为人力资源数字化转型工作必须得到企业管理者的支持，特别是企业的高层管理者的支持。只有企业的管理者理解并足够重视，人力资源的数字化转型才有可能顺利推进。

每个企业的人力资源管理模式不一样，人力资源信息化水平也不一样，所以，人力资源数字化转型需要结合企业的实际情况去开展。授人以鱼不如授人以渔。在本书中，我更想讲一些人力资源管理的思维转型和数字化人力资源的实施方法论，而不是具体去写人力资源系统该建立哪些表格、该采集哪些数据等。

管理的本质是激发人的善意和潜能。想做好人力资源管理，一定要了解人性，做到以人为本。在数字化转型的征途中，要真正以员工为中心，不断改善员工体验，持续提升员工的满意度和幸福感，从而激发其使命感、责任心和自驱力，提高员工敬业度，最终实现企业和员工的共同成长！

人力资源数字化转型需要通过构建数字化系统实现落地，只有能解决用户痛点的系统，才是好系统。在系统建设时，一切要从"员工"需求出发，这里的"员工"既包括高层管理者在内的各级管理者，又包括一般员工，当然更包括 HR。

因此，我们在建设人力资源系统时，不仅要熟悉人力资源专业知识，还要了解企业的业务知识，同时还需要具备 IT 思维。

此外，在推进人力资源数字化转型的过程中，开拓创新的精神必不可少，不仅要懂算法，更要有想法。我们不能拘泥于过往的经验、流程和制度，要大胆创新，小心求证。希望这本书能抛砖引玉，激发出大家更多的创意。

这本书能够顺利完成，要感谢很多领导、同事和朋友给予的帮助和支持。

感谢 DHR 公会创始人、大易云计算 CEO 申刚正先生，他在我写作过程中给予了很多的指导和帮助，不但提供了很多经典案例，而且从本书的提纲到内容，都提出了很好的意见和建议。

感谢易路软件创始人、董事长王天扬先生为本书提供了很多薪酬管理方面的科技应用场景和实际案例。

感谢郑海峰先生的鼓励和支持，他每天关注我的写作进度，科学把控了从进度管理到出版对接的全流程，对本书的一气呵成起到了关键作用。

最后，感谢华夏银行人力资源部的各位领导和同事，特别要感谢张伟总经理的信任和支持，使我有机会将人力资源数字化转型的理念付诸实践。部门同事的积极协作和倾力配合使得人力资源数字化转型工作顺利推进，攻克了一个又一个难关，取得了初步成效。同时，还要感谢靳洪岩、赵振宇、戴明辉等同事对本书提出了很好的意见和建议。

限于本人的学识和认知水平，书中难免有疏漏之处，希望各位人力资源同人能批评指正！祝愿大家在数字人力征途中顺利前行！

刘洪波

2021 年 12 月 31 日

目录

■ 思考篇

第一章 什么是人力资源数字化转型 / 3
一、关于数字化转型的灵魂拷问 / 4
二、人力资源数字化转型的理解 / 12

第二章 人力资源数字化转型的关键 / 23
一、人力资源数字化转型的核心基础 / 24
二、人力资源数字化转型成功六要素 / 26

第三章 员工体验管理时代 / 47
一、堪忧的员工敬业度 / 51
二、如何提升员工体验 / 56
三、如何吸引优秀人才 / 66

第四章 人力资源科技场景 / 71
一、人才招聘场景 / 72
二、核心人事场景 / 85
三、培训发展场景 / 103

  四、绩效管理场景 / 115

  五、薪酬福利场景 / 125

  六、员工服务场景 / 137

  七、智能辅助场景 / 150

第五章 数字化 HR 的未来 / 157

  一、员工体验 HR / 160

  二、数据分析 HR / 163

  三、产品设计 HR / 166

■ 实施篇

第六章 开启数字人力征途 / 171

  一、借助外脑还是依靠内力 / 172

  二、知己知彼才是决胜之道 / 176

  三、获得高层支持十分关键 / 181

第七章 数字时代的规划设计 / 183

  一、最佳单品应用时代来临 / 185

  二、瀑布式开发与敏捷开发 / 199

第八章 你确认知道需求吗 / 207

  一、第一性原理思维的运用 / 209

  二、以终为始开展需求分析 / 214

三、需要落在纸面上的需求 / 217

第九章　适合自己的才是最好的 / 223

一、简单便宜的租户模式 / 224

二、潜力无限的自研模式 / 225

三、合作双赢的共创模式 / 227

第十章　数字人力实施中的商务管理 / 229

一、心里要有一本账 / 230

二、了解你的合作伙伴 / 234

三、风险考虑要全面 / 238

四、验证 PPT 内容的真实性 / 241

五、最合适的谈判模式 / 242

六、注重契约精神 / 244

第十一章　团队是项目成功的关键 / 245

一、甲方乙方都很重要 / 246

二、实现"幸福曲线" / 250

第十二章　数字人力正式出征 / 255

一、项目启动 / 256

二、项目交流 / 256

三、需求管理 / 257

四、数据治理 / 258

五、系统测试 / 258

六、系统培训 / 259

七、系统上线 / 260

第十三章　避坑指南 / 261

一、不要迷信本书 / 262

二、不要迷信咨询 / 263

三、不要迷信评奖 / 263

四、不要指望他人 / 267

五、不要盲目乐观 / 268

六、不要过分悲观 / 270

七、不要墨守成规 / 270

八、不要越界施为 / 271

九、不要急功近利 / 272

十、不要人才断档 / 273

思考篇

第一章 什么是人力资源数字化转型

数字化转型是这几年最热门的词语之一。上至国家层面，下至各行各业，都在积极推进数字化转型。数字化转型不仅是一种技术概念，更是一种全新的思维方式。在人力资源领域，最热门的就是人力资源数字化转型了。

2019年下半年，因为工作原因，我到北京做一个人力资源系统项目。在此期间，我对人力资源数字化转型的理解和认知逐步加深。在推进项目实施的同时，感觉有必要把人力资源数字化转型实施的痛点、难点，以及实施的方法整理出来，供准备实施和正在推进人力资源数字化转型的伙伴们参考。如果大家都能从中获益，幸甚。

同时，我也希望企业的各级管理者，甚至是企业高层管理者，能对人力资源数字化转型有所了解。因为人力资源数字化转型不仅仅是人力资源部门的事，它不仅关系到员工的切身利益，更与企业的经营发展息息相关。人力资源数字化转型离不开企业各级管理者的支持。

一、关于数字化转型的灵魂拷问

在谈人力资源数字化转型之前，我想先简单说说数字化转型,因为在实际工作中,总有同事问我什么是数字化转型。那么什么是数字化转型?作为HR,我们又该如何做数字化转型?

(一)数字化转型的定义

2020年4月,央视新闻频道对企业数字化转型进行了定义,简单理解,就是传统企业通过将生产、管理、销售各环节与云计算、互联网、大数据相结合,促进企业研发设计、生产加工、经营管理、销售服务等业务的数字化转型。

根据有关机构测算,数字化转型可使制造业企业成本降低17.6%,营收增加22.6%;使物流服务业成本降低34.2%,营收增加33.6%;使零售业成本降低7.8%,营收增加33.3%。我国企业数字化转型比例约25%,远低于欧洲的46%和美国的54%,处于刚刚起步阶段,面临很多亟须解决的实际困难。

下面我们来看看一些优秀的企业和咨询公司对数字化转型的理解。

1. 微软

微软认为,经历过数字化转型后,每家公司都将成为软件公司,而如何形成全公司的产品化思维是一大难点,相当于要求公司的内部运营组织具有软件开发的能力,这样才能实现以产品化思维来改造内部运营流程。而开发出来的软件既可以服务于内部运营流程,也可以成为团队的软件产品。

因此,微软将内部运营团队也转型为更高效率的产品与战略组织。在这一过程中,微软的数字化转型路径和四大核心能力可以概括为:客户交互、赋能员工、优化业务流程、产品与服务转型。

2. IBM

IBM(国际商用机器公司)认为数字化就是通过整合数字和物理要素进行整体战略规划,实现业务模式转型,并为整个行业确定新的方向。IBM研究并分析,转型的战略途径主要有三种:一是注重客户价值主张;二是注重运营模式转型;三是从更整体和整合的角度,将前两种途径结合起来,同时转型客户价值主张和组织交付运作方式。

企业要进行数字化转型,赢得未来的核心竞争力,必须通过科技赋能。然而,科技赋能要靠一个中心和五种能力。

一个中心:以客户体验为中心。

五种能力:洞察的决策力、智能的应变力、持续的创新力、永续的运营力、敏捷的执行力。

3. 华为

华为认为数字化转型就是通过新一代数字技术的深入运用，构建一个全感知、全联结、全场景、全智能的数字世界，进而优化、再造物理世界的业务，对传统管理模式、业务模式、商业模式进行创新和重塑，助力业务成功。

4. 阿里巴巴

阿里巴巴副总裁、阿里 CIO 学院院长胡臣杰曾在"数字企业案例与实践"专题论坛上发表了主题为"从信息化到数字化"的演讲，他说："今天我们正在经历一个非常伟大的阶段，就是物理世界数字化，同时又从数字世界反馈回到物理世界当中。"

阿里巴巴提倡"一切业务数据化，一切数据业务化"，认为数字化"是一个从业务到数据、再让数据回到业务的过程"。

阿里巴巴认为，企业数字化转型关键在于三点：IT 架构统一、业务中台互联网化、数据在线智能化。

5. 麦肯锡

麦肯锡全球研究院提出"数字化"包括三个方面的内容：

资产数字化、运营数字化和劳动力数字化。

麦肯锡认为数字化是一种与客户互动的方式，它代表了一种全新的经营方式。因此，实现数字化必须了解经济、市场的发展，以及客户的偏好和预期的变化趋势，其核心是"对客户的关注"。

数字化的三个战略特征：一是在商业世界的新领域创造价值；二是在执行客户体验愿景的流程中创造价值；三是建立支持整体架构的基础功能。

6. 高德纳

按照高德纳的定义，业务数字化是指利用数字技术改变商业模式，并提供创造收入和价值的新机会，它是转向数字业务的过程。需要注意的是，数字化并不等同于信息化。信息化是从业务到数据，数字化是从数据到业务，建立技术与业务的对接，如图1-1所示。

数字化转型涉及组织的变革、流程的再造、系统的构建等多个方面的内容。通过对比各家公司对数字化转型的定义不难发现，数字化转型没有一个标准解释，可以说都是在探索阶段，这也是大家对数字化的理解都很模糊的原因。按照我的理解，数字化转型就是利用数字化技术，以客户为中心，通过改变企业为客户创造价值的方式，满足差异化的客户需求的过程。

微软	数字化转型	• 客户交互	• 赋能员工	• 优化运营	• 产品转型
IBM	数字化重塑	• 数字化 内部人员与流程	• 数字化转型 面向客户的业务流程	• 产品数字化重塑 产品服务与用户体验创新	
华为	数字化转型	通过新一代数字技术的深入应用，构建一个全感知、全联结、全智能的数字世界，进而优化再造物理世界的业务，对传统管理模式、业务模式、商业模式进行创新和重塑，助力业务成功			
阿里巴巴	数智化转型	• 基础设施云化	• 触点数字化	• 业务在线化	• 运营数据化 • 决策智能化
麦肯锡	数字化转型	• 战略与创新 • 组织变革	• 客户决策旅程 • 技术发展	• 流程自动化 • 数据与分析	
高德纳	数字化转型	• 利用数字化技术改变商业模式，打造新收入及价值创造的机会			

图 1-1 数字化转型定义

（二）数字化技术的内容

那什么是数字化技术？数字化技术包括我们常说的 ABCD（人工智能、区块链、云、大数据），还有 IoT（物联网）、社交和移动化技术等。数字化技术正被融入产品、服务与流程中，通过"上云、用数、赋智"，真正实现以客户为中心的业务经营发展模式。

（三）数字化转型的价值

我用几个例子简单说明一下数字化转型给产品、服务和流程方面带来的变化，以及数字化是怎样为企业和客户带来价值的。

在产品方面。我记得几十年前我们都在"以客户为中心"。为什么现在还在提这个？是我们以前没有"以客户为中心"吗？我对这个问题也进行了反思。以我所在的银行业为例，以前金融科技不发达，金融产品也相对单一，很多金融服务无法通过数字化技术实现。我们以前所谓的"以客户为中心"，更强调服务方面，例如，为客户提供舒适的环境、为客户上门服务等。那个时候银行的金融产品相对标准化，存款利率、贷款利率也都是国家规定的标准，还没有实行利率市场化，也没有金融类理财产品。但随着时代发展，利率市场化的出现，以及金融产品的不断创新，使得银行业的产品设计越来越重要，这个时候我们再提"以客户为中心"，更强调金融产品方面和金融服务解决方案，从客户的差异化需求出发，实现为客户量身打造产品。如果不利用数字化技术，这些将无法实现，特别是面对数量庞大的长尾客户。

在服务方面。我们同样需要利用数字化技术进行转型。2020年9月，我参加了HRflag组织的一个关于"HR的未来简史"的小型闭门会议，分享老师是唐秋勇先生。休息时聊起以"客户为中心"这个话题，他讲的一个传统电话银行案例让我记忆深刻。我们以前的电话银行，也就是银行的客户服务电话，当拨打进去的时候，会让客户不停地选择1、2、3、4等选项，然后再根据提示进入下一个菜单，最终找到客户需要的金融服务，实在找不到解决途径才会转到人工服务。这种方式其实并没有以客户为中心，而是从银行服务效率和人工成本的角度进行考虑，带给客户的体验并不是很好。然而，到了数字化时代，银行的客户服务电话已通过数字化技术进行优化，实现采用智能机器人客服通过NLP（自然语言处理）技术识别客户的语言，代替人工客服来解决客户的问题，缩短了问题处理的时间，提高了服务效率，为客户带来良好的服务体验。智能机器人客服甚至还可以主动拨打客户的电话进行金融产品的营销宣传（电话营销如何贴近客户需求，不再变成电话骚扰是需要去优化解决的问题），这些都是数字化技术带来的服务转型。

在流程方面。随着移动化技术的发展，特别是智能手机、4G（5G）的推广应用，人们的生活方式发生了天翻地覆的变化；2020年突如其来的新型冠状病毒肺炎疫情，更是加快了人们移动化生活的进程，很多业务都从线下搬到了线上，也就是常说的O2O（线下到线上）和OMO（线上线下相融合）。

对于企业而言，业务流程也随之发生改变，原来客户需要去菜市场买菜，现在变成了微信团购，或者在盒马鲜生 App 上下单；原来客户需要到银行营业网点办理各种支付结算业务，购买理财产品，现在只需要在手机银行上进行相关操作即可，而传统的业务流程已不能满足客户的需求。

数字化转型涉及的内容太多，包括战略文化、组织架构、业务流程、业务模式、产品渠道与服务、IT 系统、人员能力等的全方位变革。以上只是简单从产品、服务和流程方面举例，希望大家能基本了解什么是数字化转型，以及其为企业和客户带来的变化和创造的价值。本书重点介绍人力资源数字化转型，因此不再赘述。

二、人力资源数字化转型的理解

从企业管理的角度看，人力资源数字化转型属于企业数字化转型的一个组成部分，而且是很重要的一个部分。既然数字化转型是以客户为中心，为客户创造全新的价值，那么我们可以理解人力资源的客户就是员工，我们要以员工为中心，为他们创造全新的价值，以此来促进企业的经营发展。

这里的员工是广泛的定义,既包括普通员工,也包括各层级的管理人员和 HR。

(一)数字化人力资源的定义

什么是数字化人力资源?早在 2017 年,德勤(一家会计师事务所)就提出,数字化人力资源指的是将人力资源流程数字化,为员工提供易于使用的移动应用,并创建一个更加完善的以服务为导向的人力资源管理机制。

时至今日,我觉得中国 DHR(数字化人力资源)公会创始人、大易云计算 CEO 申刚正先生的观点更进一步,他认为数字化人力资源"以社交、移动、分析、云及 AI(人工智能)技术实现人力资源服务和流程的数字化转型,勾画全新的 HR 运营模式和员工体验",数字化人力资源"不只是技术演进,更是一种 HR 解决方案的全新思维模式"。

为了便于大家更好地理解什么是人力资源数字化转型,我查阅了一些资料,将人力资源管理和人力资源科技的发展阶段进行了归纳、整理。

(二)人力资源管理发展阶段

100 多年来,人力资源的发展经历了四个阶段,分别是

PM（人事管理）、HRM（人力资源管理）、HCM（人力资本管理），以及现在的 HXM（员工体验管理），如图 1-2 所示。

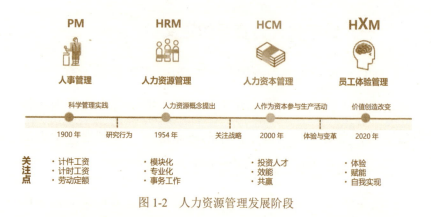

图 1-2 人力资源管理发展阶段

注：图片资料来源于 SAP（思爱普公司）整理的人力资源发展百年史。

第一，PM 阶段。人事管理阶段始于工业革命，为了提高劳动者与机器的工作效率，提升效益，弗雷德里克·温斯洛·泰勒的科学管理思想诞生了。泰勒的科学管理思想成为传统人力资源管理的起源，并衍生出基本的人事管理。

第二，HRM 阶段。人力资源管理阶段始于 20 世纪 50 年代，人事管理逐步发展为人力资源管理，并划分为六大模块，主要包括人力资源规划、招聘与配置、培训与开发、绩效管理、薪酬福利管理、劳动关系管理。随后，人力资源管理的开拓者戴维·尤里奇在 1997 年提出了人力资源管理三支柱模型，即 COE（人力资源专家中心）、BP（人力资源业务伙伴）和 SSC（人力资源共享服务中心）。人力资源管理三支柱成为人力资源管理史上的一次重要迭代，具体的内容不再过多解释，有兴趣的可以自行查阅相关资料。

我个人理解，人力资源管理六大模块和人力资源管理三支柱模式并不冲突，两者只是在人力资源管理组织形式和工作方式、分工方式上有所差别，其人力资源管理的本质并不是相互排斥的。现代人力资源管理基本涵盖人力资源管理六大模块的内容，同时也有很多企业（特别是实行事业部组织架构的企业）采用人力资源管理三支柱模式进行人力资源管理。

现在有些人提出传统的人力资源管理六大模块已经过时，我觉得这种说法是不准确的。人力资源管理六大模块只是对人力资源的工作内容进行了切分，但每个模块工作内容的实现方式和代表的含义并没有上限，我们依然可以按照这种模块划分的方式，运用数字化技术去实现更高级的人力资源管理目标。人力资源管理三支柱模式也是如此，需要结合企业的实际情况去实施，例如，企业是职能型组织架构还是事业部型组织架构，有没有异地的组织，对三支柱模式的实际应用就不完全一样。而且，随着信息科技的发展，原来共享服务中心很多事务都由线下转到线上，例如，平安集团已经把实体的共享服务中心拆掉，实现了人事业务全面线上化、移动化，实体的共享服务中心转变成了"空中共享服务中心"。因此，我们不能对人力资源管理模式生搬硬套，而是要结合企业自身的实际情况去实施。总之，没有最好的管理理论和管理模式，适合企业经营发展的才是最好的。

第三，HCM阶段。人力资本理论最早起源于经济学研究。20世纪60年代，美国经济学家舒尔茨和贝克尔创立了人力资本理论，开辟了关于人类生产能力的崭新思路。人力资本管理不是一个全新的系统，而是建立在人力资源管理的基础之上，综合了"人"的管理与经济学的"资本投资回报"两个分析维度，将企业中的人作为资本来进行投资与管理，并根据不断变化的人力资本市场情况和投资收益率等信息，及时调整管理措施，从而获得长期的价值回报。传统人力资源管理不仅没有过时，而且是人力资本管理的技术基础。

人力资本管理正是通过整合人力资源管理的各种手段来获得更高水平的价值实现的。人力资本管理注重投资与回报之间的互动关系，并结合市场分析制订投资计划，因而相对来说更为理性，对市场变化更为敏感，侧重点和衡量尺度更为明确。

我个人理解，人力资本理念是在人力资源管理理念上的一次认知突破，不再把人仅当成资源、成本来看，而是更加凸显了人的产出和价值所在。

第四，HXM 阶段。通过图 1-2 可以看出，这个阶段始于 2020 年，也就是说 2020 年是员工体验管理的元年。近几年，由于信息科技的飞速发展，我们已经进入数字经济时代，在数字经济时代下席卷而来的技术风暴已不可避免地影响到企业人力资源管理模式，甚至影响到了相关的人力资源服务行业。这个阶段的人力资源管理理念，已经从原来的对员工"管控"向为员工"服务 + 赋能"进行转变，员工体验管理时代已然来临。

（三）人力资源科技发展阶段

与人力资源管理发展相对应的，我们再来看看人力资源科技发展阶段，也可以理解为人力资源系统的建设发展阶段。从百度、德勤等公司的研究情况来看，人力资源科技的发展也包括四个阶段，我对相关内容进行了总结提炼，分别是人力资源管理的 cHR（线上化）、eHR（信息化）、dHR（数字化）

和 iHR（智慧化），如图 1-3 所示。

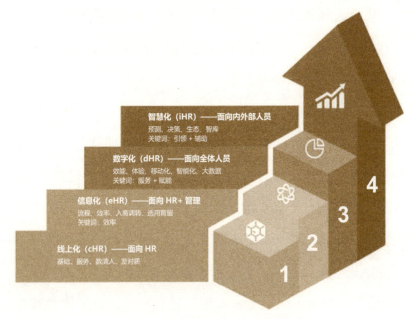

图 1-3　人力资源科技发展的四个阶段

第一，cHR 阶段。人力资源系统面向的用户仅仅是 HR，系统的功能是最基础的人事服务，简单讲就是"数清人、发对薪"。

第二，eHR 阶段。人力资源系统开始关注效率的提升，面向的用户也由单一的 HR 转变为 HR 和管理者。在这个阶段，人力资源系统已经开始了数据和流程的标准化，将人力资源管理的入、离、调、转等人事活动以及人才的选、用、育、留等管理活动全部纳入了系统管理。人力资源的业务流程固化在人力资源系统上，使 HR 解脱烦琐的工作，实现效率的提升。在这个阶段，人力资源系统已经可以为管理者提供一些人员的基础分析，实现员工培训、培养的线上管理。这个阶段数据所发挥的价值取决于使用数据的人，数据不能自己发挥价值，数据也没有取代任何管理职能。

第三，dHR 阶段。该阶段也就是目前各企业人力资源部门正在推进的阶段。从我前期调研的银行业情况来看，这个阶段基本是从 2017 年开始的，而员工体验管理理念的提出大约在 2020 年，这也进一步验证了技术风暴对人力资源管理的影响。此时，人力资源系统面向的用户范围再次变大，更加关注员工效能和员工体验的提升，人力资源也首次将员工"服务"和员工"赋能"纳入了系统建设理念，人力资源系统将具备移动化、平台化、智能化的特征，企业各级管理者和员工也将以前所未有的深度参与人力资源系统的应用。同时，通过将人员数据和业务数据进行整合，实现多维度的人力资源大数据分析，为企业管理者提供决策参考，进而实现以人为本、数据驱动和管理赋能的人力资源管理新模式。这个阶段，数据发挥了全新的价值，企业对管理者的依赖开始降低，实现了用数据来进行管理指导，开展工作与决策。

科技进步所带来的系统与机制的升级正逐步弱化企业管理者个人在公司中的作用。平安集团董事总经理兼联席 CEO 谢永林先生曾就此谈过他的切身感受，他认为十多年前，个人对公司非常重要，个人的专业能力、影响力会对公司产生直接影响。而现在，随着技术进步，数据化经营能力提升，公司的管理机制、经营系统趋于成熟，个人对公司的影响变得越来越弱。

这里需要强调的一点是，第二个阶段的信息化是数字化的基础，如果没有信息化基础，数字化就如同空中楼阁，可望而不可及。如果企业连信息化都没有实现，那么在开展人力资源数字化时，须将信息化阶段的基础工作补充完善，需要制定数据标准，开展数据治理，提高数据质量。

第四，iHR 阶段。这个阶段是数字化阶段的延伸，面向的用户范围将从企业内部员工扩大为企业内外部人员，如外包人员、灵活用工等，实现人力资源的生态管理。从企业管理者的角度来看，人力资源系统将充当智库的角色，通过各类数据模型、算法来实现人力资源管理的预测和辅助决策功能。在这个阶段，数据将实现价值最大化，人工智能开始具备洞察能力，能够自主且智能化地进行有逻辑的输出，以实现对人力资源效能的重构。通过大数据和人工智能的应用，实现对人力资源政策、制度的指导和对员工潜能的发掘，从而实现政策智能、人尽其才和企业价值最大化。

通过梳理人力资源管理发展阶段和人力资源科技发展阶段，我们再来看人力资源数字化转型，就很好理解了。

第二章　人力资源数字化转型的关键

我曾看过普华永道（国际会计审计专业服务机构）一篇关于中国数字化转型的调研报告，其中提到中国有 40% 的企业正在进行数字化转型，而只有 9% 的企业能成功！可见数字化转型何其难！因此，本章重点阐述人力资源数字化转型的核心基础和成功要素，这些内容是实施人力资源数字化转型的关键。

一、人力资源数字化转型的核心基础

企业在实施人力资源数字化转型时，文化、人才、科技三个方面很重要，是人力资源数字化转型的核心基础。

（一）建设"数字人力"文化

微软公司第三任 CEO 萨提亚·纳德拉（Satya Nadella）曾说："我开始明白，我的主要工作是为我们的文化做一个牧师，让 10 万名充满创造力的员工更好地塑造我们的未来。"

人力资源数字化转型不仅仅是技术上的转型，更大程度上是思维的转型。企业人力资源管理部门需要加强"数字人力"文化建设，培养"数字人力"文化氛围，注入"数字人力"

文化基因。在人力资源专业的基础上，强化以人为本和以员工为中心的意识，增强业务经营和信息科技的思维，将企业战略业务数字化与人才数字化对接，实现企业创新与人才的驱动。

（二）建立"数字人才"队伍

数字人才是人力资源数字化转型成功的保障，需要建立数字化人才梯队和幂人才机制。幂人才机制指的是关注超级员工个体，而非员工绝对数量，因为在数字化时代，一个优秀的数字化人才将发挥巨大的作用，可以起到"以一当十"，甚至"以一当百"的效果。通过构建数字化人才胜任力模型，加强员工数字能力的识别与评估，吸引与储备具备数字化特质的人才。同时，通过开展数字化人才培训，充分挖掘员工的数字潜力，持续培养企业的数字专家人才、数字技术人才和数字应用人才，为企业数字化转型奠定人才基础。

（三）建造"数字人事"系统

人力资源数字化转型必然需要通过科技手段来实现，人力资源信息化是数字化的基础，是前提条件。因为在员工体验管理时代，我们需要以员工体验为核心，利用数字化技术重构人才的"选、用、育、留"，形成人力资源数字化的1+N+1架构（前"1"是核心人事基础平台，"N"是招聘、培训、薪酬、绩效、员工服务等人力资源业务板块，后"1"是人力资源智能辅助平台），从而最终实现人力资源管理的移动化、智能化和平台化，以不断提升组织效率，赋能业务发展。

如果企业没有信息化基础，或者信息化基础不够坚实，那么我们在数字化转型的实施过程中需要补上这一课。

二、人力资源数字化转型成功六要素

人力资源数字化转型是一个艰难且漫长的过程，对于每个企业而言，实际情况都不一样。因此，任何企业都不能"人云亦云"，更不能"别人怎么干，我们就怎么干"，而是要具体情况具体分析，这就需要我们企业的相关人员躬身入局、脚踏实地。

正确的路往往是难走的路，成功没有捷径，成功也不会一蹴而就。我们在实施人力资源数字化转型时，要有充分的思想准备。在这个过程中，我认为企业需要具备六个要素：一是能积极转变的思维；二是开拓创新的精神；三是自我革命的勇气；四是坚定长远的目标；五是高层领导的支持；六是终身学习的组织。这六个方面是人力资源数字化转型成功的必备要素。

（一）能积极转变的思维

人力资源数字化转型是一个全新的课题，我们都在摸索中前行，这就需要 HR 和各级管理者具备归零思维和跨界思维。

1. 归零思维

作家格拉德威尔在《异类》一书中指出"人们眼中的天才之所以卓越非凡，并非天资超人一等，而是付出了持续不断的努力。一万小时的锤炼是任何人从平凡变成世界级大师的必要条件"。这个就是我们以前笃信的"一万小时定律"，认为只要定期练习并持续足够长的时间，人们就会成为某个领域的专家。如果每天工作 8 个小时，一周工作 5 天，那么要成为一个领域的专家至少需要 5 年。

但是，这条"一万小时定律"正在被打破，斯坦福大学商学院的一项最新研究表明，反复实践会对创造力产生负面作用。在很多领域，对于通过持续练习来提高技能是可行的，至少可以养成良好的习惯，但涉及需要创造力的领域，反复练习却是无效的，我们需要的也许是跨界能力。

上面这个例子可以说明，在人力资源数字化转型这个课题面前，即使是从业多年、经验丰富的 HR 专家也不能妄自尊大，也许你就会被某个固有思维所束缚，而从业不久、经验欠缺的 HR"小白"也不用妄自菲薄，也许你就可以提出某个绝佳的员工服务解决方案。在人力资源数字化转型的过程中，我们都需要有归零思维。

2. 跨界思维

还有一个方面是我针对 HR 来说的，即跨界思维，也可以理解为对 HR 的思维进阶要求，如图 2-1 所示。

图 2-1　HR 思维进阶

在人事管理阶段，HR 只需要掌握人力资源知识即可，也就是具备人力资源管理思维就算基本合格了。

进入人力资源管理和人力资本管理阶段，HR 不仅需要掌握人力资源知识，还需要了解、懂得企业经营方面的业务知识。在日常人力资源管理工作中，需要把人力资源管理和业务管理结合起来，否则连一个业务部门需要多少人、需要什么样的人都会不清楚。因此，HR 除了需要具备人力资源管理思维外，还需要具备业务思维，只有将这两种思维结合，才能助力企业的经营发展。这个时候，只有同时具备人力资源管理思维和业务思维的 HR 才是合格的。

到了现在的员工体验管理阶段，随着数字化技术的发展，HR 除了具备人力资源管理思维和业务思维，还必须具备科技思维。

2020 年云栖大会，阿里巴巴程序员呼兰在"程序员吐槽会"上讲了一段很火的脱口秀，估计很多人都看过，在这里我摘取几句精彩的台词分享一下：

"在座的产品经理举个手好吗？怎么不敢举呢？你们知道问这个问题就等于是在说'在座的不懂技术的请举个手'一样。"

"程序员开大会，产品经理还能安安全全坐在这里，完全是因为我们外面有安检。"

"产品经理跟程序员的关系，在我看来就是唐僧跟孙悟空的关系，唐僧啥也不会，就说要去取经。

"孙悟空说：行吧，那我帮你去打怪。

"唐僧说：我要去取经，但你不能伤害白骨精。

"孙悟空说：要不然，你自己来吧。

"唐僧说：我不会，但我就要去取经。

"孙悟空说：你看你找我去取经，你听我的行不行？

"唐僧说：你是不是不想做？我跟佛祖去说，孙悟空说他做不了。"

看似爆笑的一段脱口秀，其实背后是产品经理和程序员的共鸣，也直指现在系统开发的现状。有的人可能会想：产品经理和HR有什么关系？HR又不是产品经理。殊不知，现在已经进入员工体验管理时代，人力资源的数字化转型，需要借助科技手段进行落地，当然离不开人力资源系统的开发建设。HR的科技思维在现阶段显得愈发重要，在参与系统开发时，HR要向产品经理转型，要有产品思维，甚至还需具备一定的系统设计思维能力。

在实际工作中，我们传统的做法是：成立一个项目组，需求由业务人员负责，开发由程序员负责，两者相互配合进行系统开发建设。但是，往往系统上线运行后，我们经常抱怨系统不好用，流程烦琐，界面难看，操作复杂，甚至使用起来有点"反人类"的感觉。

那我们想想是什么原因导致这样的。按照我的理解，很大程度上是因为业务人员不懂IT，而程序开发人员又不懂业务造成的。因此，在未来的系统建设中，如果想做得出色，必然需要培养业务人员的科技思维，同时也要培养IT人员的业务能力，两者互补才能把系统做好。对于从事人力资源数字化转型的HR来说，要积极地向产品经理转型，要把人力资源业务和管理理念通过产品思维融入系统建设之中。

这里的科技思维不仅涉及人力资源工作方面，甚至可以延伸至企业的经营发展方面。目前，我们已经步入数字经济时代，人力资源管理的核心是要有经营意识、数字化思维能力，要从经验管理转变为数字化决策。HR不再像以往那样只关心人力资源的相关工作，也可以思考如何从人力资源管理的角度，或者从人力资源管理的场景中为企业创造价值。在当今这个时代，没有业务思维和科技思维的HR不是好HR！

举个例子，看看银行业的 HR 如何在人力资源管理场景中为企业创造价值。2020 年下半年，按照项目计划安排，我对一家人力资源科技厂商进行人力资源系统 POC（验证性测试）时，发现在员工薪酬查询功能页面上方出现了银行的当期理财产品信息。不难理解，对银行业务来说，这是一个非常好的营销渠道和营销手段，完全贴合了用户体验和用户需求。想想日常生活中的场景，企业的员工大概率会在发薪日去人力资源系统查询薪酬明细情况，在这种场景下推送银行理财产品信息，极有可能促成理财产品的交易。

金融产品的营销一定要结合场景化需求，在传统人力资源六大模块中，薪酬福利模块可谓与生俱来贴合金融产品的场景。

从上面的人力资源系统薪酬查询功能中受到启发，我们可以考虑以金融服务生态化、平台化的形式借鉴这种营销手段，用两种模式去助力银行数字化经营。

一种是建立银行平台模式，在银行自身的代发工资平台上为企业客户精准投放理财产品、信用卡、直销银行、营销活动等内容，激活代发工资的长尾客户，强化私域流量客户经营，使得银行代发工资企业的员工主动达成交易，促进银行业务经营。

另一种是人力资源科技厂商依托平台模式。目前在人力资源领域，很多人力资源科技厂商或者人力资源服务公司都在打造 HR SaaS（软件即服务）模式的人力资源系统平台（类似于考勤软件的钉钉，企业申请用户后即可使用），为全国众多的中小型企业提供人力资源服务，其中也包括算薪、发薪、查薪的服务。每家人力资源服务公司涉及的员工少则上万人，多则上千万人。例如，易才集团提供的易 HR 人力资源管理云系统覆盖全国 500 个城市，服务企业超 4 万家，服务员工超 150 万人；点米科技提供的 2 号人事部人力资源管理云系统服务企业已超 80 万家，服务员工超 4000 万人，若加上其线下业务、微信公众号等渠道，服务用户已达 2 亿人。

我们可以考虑与这些提供人力资源服务的头部企业进行合作，在其人力资源管理云系统上构建银行的金融产品生态，实现银行和人力资源服务企业的资源共享、合作共赢。据我观察，2020 年下半年，已经有一家外资银行和一家人力资源科技厂商达成了战略合作，其中有一项合作内容就是上文所举的这个例子。

当然，具体的实施还要看政策的变化。2021 年 1 月，中国银保监会、中国人民银行联合印发《关于规范商业银行通过互联网开展个人存款业务有关事项的通知》(以下简称《通知》)。《通知》明确规定，商业银行不得通过非自营网络平台开展定期存款和定活两便存款业务，包括但不限于由非自营网络平台提供营销宣传、产品展示、信息传输、购买入口、利息补贴等服务。这意味着，金融消费者不能再通过支付宝、腾讯理财通、京东金融、度小满金融等平台购买一度火爆的互联网存款产品，同时也意味着我们原来设想的第二种模式可能会出现变化。

从上面的例子可以看出，在数字经济时代，HR如果同时具备人力资源管理思维、业务思维和科技思维，其创造的价值也会越来越大。

（二）开拓创新的精神

创新是一个企业的灵魂，没有创新精神的企业迟早会湮灭在不断前进的时代中。如果没有创新精神，这个时代抛弃你连声招呼都不会打。

畅销书《不拘一格》是网飞（Netflix）创始人兼CEO里德·哈斯廷斯写的。2020年是网飞上市的第18个年头，网飞的股价从当初的 1 美元一路上涨到 480 多美元，市值超过 2000 亿美元，接近 500 倍的涨幅，而同期的纳斯达克指数涨幅不足 4 倍。网飞在过去几年里获取了 300 多项艾美奖和多项奥斯卡金像奖，它所获得的全球奖提名超过任何一家网络电视媒体公司。

网飞为何会成功？在《不拘一格》一书中，里德·哈斯廷斯阐明了网飞的文化核心是 18 个字："人才重于流程，创新高于效率，自由多于管控。"由此可见，创新是多么重要。

正如英国作家查尔斯·狄更斯在《双城记》中所述："这是一个最好的时代，也是一个最坏的时代。"

我们现在正处在一个最好的时代。我们国家的繁荣与富强前所未有，2020 年国内生产总值突破 100 万亿元，脱贫攻坚成果举世瞩目，5575 万农村贫困人口实现脱贫，人民生活水平显著提高。2021 年 1 月，国新办举行新闻发布会，国务院国有资产监督管理委员会新闻发言人表示，2020 年央企顶住了疫情冲击和经营压力，推动资金、人才、政策向科技创新重点企业、重点项目倾斜，实现了一大批技术突破。下一步，国务院国有资产监督管理委员会将把科技创新重大项目突破列入央企业绩考核范围，把央企的科研投入视同利润进行考核；对重大项目、创新项目、创新团队给予工资总额单列；推动落实央企国有科技型企业股权和分红激励暂行办法，加大对科研人员的中长期激励力度；进一步加大力度，把大部分国有资本经营预算投入科技创新方面。结合我国的经济发展情况和国家的政策导向，国家对科技创新的重视程度远超以往。

同时，我们也处在一个最坏的时代。近几年，一个叫"乌卡（VUCA）时代"的词横空出世。VUCA是易变不稳定（volatile）、不确定（uncertain）、复杂（complex）、模糊（ambiguous）四个英文单词的首字母组合。"易变不稳定"是指事情变化非常快，"不确定"是说不知道下一步的方向在哪儿，"复杂"意味着每件事都会影响到另外一些事情，"模糊"表示关系不明确，综合起来是指我们当前处在一个变幻莫测的时代。近两年，中美贸易摩擦不断发生，影响到很多企业的生存发展。企业如果没有创新精神，会直接导致生存困难，更不用说发展了，某些被美国"卡脖子"的企业就是很好的证明。2020年最大的黑天鹅——新型冠状病毒肺炎疫情肆虐全球，这深刻地影响着我们生活的方方面面，疾病、失业等一些不好的事情在全球范围内普遍发生。

在后疫情时代，人们的工作方式、生活方式也发生了天翻地覆的变化，疫情让人们开始适应居家办公，线上会议越来越多，线下零售业务逐步被线上直播带货取代。现在，甚至连老年人都会使用手机投屏电视，在网上老年大学学习电子琴。正是这变幻莫测的时代，让创新精神发扬光大，也使数字化进程加快。

人力资源数字化转型的本质就是创新。我们处在这样一个时代，如果不具备开拓创新的精神，必将被淘汰。创新不是喊口号，不是乱创新，创新需要脚踏实地，需要遵循商业本质和业务逻辑。创新也不分大小，可以是商业模式的颠覆式创新，也可以是业务流程优化的微创新。

关于创新，此处再举一个关于痛点的例子。在我们日常工作中，出于提高工作效率的原因，或者为了方便地保存工作信息和数据，我们经常会针对某一项业务开发一个系统，美其名曰"实现业务流程线上化"。然而，在实际工作中，原来线下的工作或原来的流程一样都没减少，从实际的效果看，工作量非但没有下降，反而有所增加，唯一的好处是确实实现了"线上化"。究其原因，主要是参与系统建设的人员没有把业务流程再造这项工作做好。业务流程的变化涉及的人员众多，有些决策和审批流程甚至还涉及高层管理人员，但需求人员、开发人员、决策者或者管理人员往往没有重视，或者不会去关注这些细节，没有考虑用户体验，只是为了线上化而线上化，结果在实际工作中就变成了"线下+线上化"。

人力资源数字化转型需要创新精神，但这种创新精神不仅仅是针对HR来说的，各级管理人员也必须具备创新精神，特别是高层管理人员。因为高层管理人员的创新精神很大程度上决定了企业创新的边界，也决定了人力资源数字化转型效果的边界。

（三）自我革命的勇气

自我革命是一件痛苦的事情，需要浴火而重生。自我革命需要非凡的勇气，这是一个自我否定，进而再自我肯定的过程。为什么人力资源数字化转型需要自我革命呢？因为时代发生了巨大变化，原来的人力资源管理理念、管理模式、管理机制可能不再适应企业现阶段的发展要求，企业领导层和管理层不仅要勇于直面问题、反思问题，还要勇于创新、勇于革命，勇于抛弃一个旧自我，创建一个新世界。

仅仅领导层和管理层有自我革命的勇气就可以了吗？可能还不行！这种自我革命的意识要贯穿并落实到企业的每一个层级、每一个人员，就算不能全面落实，至少也要落实到负责执行的层面和人员。

如果负责具体推进人力资源数字化转型的人员不具备自我革命的勇气，就不会穷则思变，更不会锐意进取，甚至干脆得过且过，那么企业的人力资源数字化转型将很难有所创新、有所建树，更别提转型成功了。

自我革命的人力资源数字化转型需要上下同欲，需要企业有使命感。

（四）坚定长远的目标

人力资源数字化转型是一个过程，不是一个结果，它涉及人力资源运营模式的改变和人力资源系统的建设支撑，所以，人力资源数字化转型不会一蹴而就，也不是一朝一夕的事，需要我们付出长久的努力，如果需要加上一个期限，我觉得至少是好几年，或一个规划期的时间。当然，这个时间也不见得绝对正确,它会根据企业投入资源的多少而有所变化,每个企业都不一样,如果投入的资金、人才相对较多,这个时间会缩短也很正常。

既然人力资源数字化转型是一个长期的过程,那么我们当然应该制订一个目标。在具体实施时,为保证数字化转型目标的实现,我们需要制订一个长远目标,再分解成若干个小目标,然后分步实施,坚定地走下去。

原思科大中华区金融行业首席架构师、产业互联网专家、数字化转型专家张其亮先生在中国人民大学商学院组织的一次线上直播活动中,就"危机倒逼产业升级与传统企业数字化转型"主题进行了一次分享。在答疑环节,有人问了一个关于企业数字化转型路径图的问题,张其亮先生的答案是:没有一个完整的路径图,因为每个行业都不一样,在他实施的案例中,迄今为止没有两个完全相同的案例。但值得注意的是企业数字化转型过程中存在"小变更、大变化"的普遍现象,即在转型环节清晰地找到痛点和切入点,润物细无声地去改变。关于实现数字化转型长远目标的方法论,传统的做法是明确目标和现状,然后分阶段实施。他认为正确的做法是，认认真真想明白长远目标和次级目标，即如果想实现长远目标，必须先实现次级目标，在具体实施时再针对次级目标去分阶段进行，只有这样才有可能成功。他举了一个很形象的例子，例如，我们要实现共产主义这个宏伟目标，我们可以认为社会主义是一个必经阶段，在具体实施时可以按照社会主义的发展路径去努力，逐步实现共产主义目标。

按照我的理解，张其亮先生表达的意思就是要务实，我们要有坚定长远的目标，但在实施过程中要务实地完成一个又一个明确的小目标。制订次级目标是因为在通往长期目标的过程中不确定性太多了，包括经济环境的变化、新技术的应用、商业模式的改变等，需要"摸着石头过河"，因此，我们应该首先完成确定的目标，再一步一步地去实现长远目标。

（五）高层领导的支持

曾经听过一条"管理铁律"：CEO的时间花在哪里，就意味着那个方面的工作重要。

请大家不要误会，这条管理铁律不是要我们去迎合高层领导，而是指要争取得到高层领导的支持。我们要推进人力资源数字化转型就不能闭门造车，需要高层领导认识到人力资源数字化转型的重要性,从而大力支持人力资源数字化转型工作,同时也要得到人员、资金等方面的支持,以及其他业务部门或其他管理条线的支持。

管理学家甘特曾经说过:"在所有的管理问题中,人的因素是最重要的。"一个企业的经营发展离不开人,人是生产力中最活跃的因素。一个企业的兴衰成败,往往也跟人有着直接或间接的关系。我们 HR 最大的价值也在于此——发现人、使用人、培养人,实现企业与人的价值共同成长。不论是前面提到的"不拘一格"的网飞,还是号称"简历收割机"的字节跳动,两家优秀公司的创始人无不把优秀人才管理放在企业最重要的位置,也进一步凸显了人力资源管理的重要性。

再浅谈一下近几年发展迅猛的中国平安集团。该集团的经营战略从"保险·银行·投资"转变为"金融·科技",旗下的平安科技公司历经四年时间研发出平安智慧人事管理平台 HR-X,其官网在介绍该产品差异时,就提到这个系统是"CEO 设计给 CEO 的经营系统",也就是说高层管理者亲自参与了系统的设计,由此可见其高层领导的重视程度。在我看来,优秀的 CEO 也应该是顶级 HR,如图 2-2 所示。

关于 HR-X

在"金融 + 科技、金融 + 生态"的战略转型背景下,平安集团以其独到的管理理念全面推进人力资源数字化转型,引入全球最先进科技,自主研发了平安智慧人事一体化平台 HR-X。在平安内部深度应用、屡见成效的前提下,HR-X 对社会输出,助力中大型企业组织管理升维。

HR-X 充分融合了平安 30 余年超大型组织管理的先进经营理念和实践经验,可分别针对企业的不同战略目标、发展阶段以及企业文化特征提供相应的管理模式、思路及系统功能,帮助企业打造执行力强的创新型组织,实现"提升经营业绩、激发员工活力、保障数据安全"三大价值主张。

图 2-2 平安集团智慧人事管理平台 HR-X 简介

看看中国平安集团对人力资源系统建设的投入情况,就可以更加清楚地了解高管对其的重视程度了。2019 年 9 月,全球领先的咨询公司韦莱韬悦对平安集团 CHO(首席人力资源执行官)蔡方方女士做了一次专访,深入挖掘 HR-X 背后的组织管理密码。蔡方方女士介绍,HR-X 整个研发过程历时四年,前两年全部失败,真正成功上线也就用了两年时间,前期资金投入超过 20 亿元(含试错成本),而且每年还会耗资数亿元,经历了上百次的迭代改进。蔡方方同时还表示,这个投入金额绝对值很大,但对于平安集团 180 万人的体量、仅内勤成本就过千亿元的公司,这个投入是非常值得的。

我曾经做过简单测算，通过优化其系统某一个功能产生的价值，每年都可为平安集团节省数亿元成本，这个结果说明这样的投入确实是划算的。而且还没有算上平安集团将HR-X产品化，向外部企业输出赚取的额外收益。

平安集团可能是个比较极端的例子，它完全有实力和能力去自研一套人力资源管理系统。相对于其他企业而言，可能需要采取另外一种方式去做人力资源数字化转型，具体是采用哪种方式，我在后面会写到。但不论是自研，还是采用其他方式，高层领导对人力资源数字化转型的理解越深刻，重视的程度就越高，支持的力度也就越大，人力资源数字化转型的推进才可能比较顺利，成功的可能性也较大。

（六）终身学习的组织

亚马逊有一本稳居心理类畅销榜10年的图书，名字叫作《终身成长》，作者是美国斯坦福大学心理学家卡罗尔·德韦克。她在对成功案例进行了数十年研究后发现了思维模式的力量。她在《终身成长》一书中表明，我们获得的成功并不是能力和天赋决定的，更受到我们在追求目标的过程中展现的成长思维模式的影响。成长是一辈子的修行，并不会因为年龄增长而终止，只有凭借不断学习和进取，才能成功实现目标。

中南财经政法大学教授、博士生导师刘圻先生也在其《创新思维武器》一文中提出："创新的起点难以预见，它源于随机事件的触发所带来的洞见，然而所有的洞见又都立基于个人历史经验的总和。没有过去不经意间铺下的石块，你很难最后一跃到未知河流的对岸，增加自己生命的复杂性会创造更多的可能性。"我对"石块"的理解，就是多看、多听、多学习、多思考，只有这样，才有可能触发创新。

在这个发展日新月异的数字经济时代，如果不能做到持续学习，就会跟不上时代的步伐。但是人力资源数字化转型需要靠整个组织去推进，而不是靠一个人、两个人的力量，我们只有通过打造学习型组织，并且是终身学习型组织，让每个人都愿意去学习、去思考，才有可能成功实现人力资源数字化转型。

第三章 员工体验管理时代

如果说在当前人力资源领域,人力资源数字化转型是目前最热门的话题,那么在人力资源数字化转型相关内容中,最热门的当属员工体验了。

根据 HRTech China(一家专注于人力资源科技商业服务的平台)的公众号文章所述,HRTech 以开放的平台汇聚中国最优秀的员工体验专家顾问,面向组织提供调研、测评、指数、咨询等落地支持服务。旨在链接全球智慧与灵感,推动员工体验在组织中进一步落地实践,提升组织绩效。当前,该平台正着力于研究最完善和最实用,且落地最彻底的员工体验旅程图,为组织提供最前沿的员工体验指南。

领英《2020 人才趋势报告:改变人才吸引和保留的四大趋势》和德勤《全球人力资本趋势报告》的研究结果所示,77% 的企业非常注重员工体验,旨在促进优秀员工留任和吸引更多的优秀人才,而且良好的员工体验有助于提升企业盈利。同时大部分受访者认为,员工的幸福感是企业成功的一个重要或非常重要的优先事项,近几年的重要性排名有上升到第一的趋势。

这也正是员工体验突然这么火的原因!在员工体验管理时代,良好的员工体验直接带来的是企业最好的业务成果、更高的员工敬业度、更低的离职率、更好的客户体验,以及更高的财务绩效。拥有良好员工体验的组织总是有能力吸引并留住优秀人才。

偶然的机会,我看到了人力资源科技领域大师乔什·贝辛(Josh Bersin)和LRP传媒集团联合编写的一份《人力资源技术市场》报告,这份报告整合了数百份简报,并经由人力资源部门、供应商、投资者和分析师商讨而成。这份报告写得非常好,里面的很多观点和我的调研结果相吻合,增强了我实施人力资源系统项目的信心。

这份报告提到:当前的员工体验市场是真实的,且正在改变一切。关注员工体验,这种裂变突如其来,遍及人力资源和领导两大领域。乔什·贝辛在与数百位人才专家多次交谈后,意识到这是一种全新的商业思维方式,即"产品和客户并非头等大事,员工才是重中之重,因为员工才是产品的创造者和客户的服务者"。

阿里巴巴在2019年发布了名为"新六脉神剑"的价值观。这一价值观一经发布,当时在国内几乎无人不晓,其价值观第一条就是"客户第一、员工第二、股东第三"。这里,"员工第二"是阿里巴巴对2004年提出的价值观的进一步补充和明确。

从以上观点不难看出，员工对于企业的重要性越来越被企业管理者所认知。相比之下，我个人比较认同乔什·贝辛研究得出的结论，即"员工才是企业的重中之重"。良好的员工体验会增强员工的归属感、获得感和幸福感，并不断提升员工敬业度，而只有全情投入的优秀员工才可能创造出优秀的产品，才能为客户提供优秀的服务。因此我们要更加注重员工体验管理。

本章将详细描述员工敬业度现状，以及如何提升员工体验。考虑到优秀人才的重要性，我也会从员工体验的角度来阐述如何吸引优秀人才。

之所以把这些人力资源管理理念和思路阐述出来，是为了让大家更好地理解人力资源管理的未来之路，我们该如何去推进人力资源数字化转型，以及怎样将人力资源管理理念融入"数字人力"系统建设之中。在我看来，不能融入人力资源管理理念的人力资源系统不是一个好的人力资源系统！因为它无法为人力资源数字化转型提供有效的业务落地支撑。

一、堪忧的员工敬业度

（一）员工敬业度的定义

什么是员工敬业度？关于员工敬业度的研究起源于美国盖洛普咨询有限公司，他们通过对健康企业成功要素的相互关系进行的近40年潜心研究，建立了"盖洛普路径"模型，这一模型可以表述为：企业根据自身发展优势因才适用→在优秀经理领导下发挥员工所长，驱动员工敬业度→敬业的员工发展忠实客户→忠实客户驱动企业可持续发展→企业可持续发展驱动实际利润增长→企业实际利润增长推动股票的增长。

简单来说，员工敬业度在给员工创造良好的环境和发挥其优势的基础上，使每个员工产生归属感和主人翁责任感，进而全情投入工作。

（二）员工敬业度的情况

ADP研究院在全球19个国家进行员工敬业度调查，建立全球员工敬业度基准，并于 2019 年发布了《全球敬业度研究技术报告》。ADP 对全球 19 000 多名员工进行了调查，以衡量他们的敬业程度，并确定哪些工作条件最有可能吸引并留住员工。这也是一份相当有价值的报告，报告内容值得企业管理者和 HR 研究，并结合其调查结果改进管理方式。站在人力资源数字化转型的角度，我们也可以思考如何将这些调查结果运用在人力资源运营模式和员工体验的变革方面。

ADP 在研究报告中指出，在过去的几年中，全球敬业度水平总体上没有发生太大变化。但具体的敬业度是多少呢？只有 16%！这是一个糟糕的数字。也就是说，全球的企业平均只有大约 16% 的员工在"全情投入"，而剩余的 84% 的员工只是"来上班"，并没有为其组织倾尽全力。更加糟糕的是，根据 ADP 的研究报告，中国地区 2018 年的员工敬业度由 2015 年的 19% 剧烈下降到了 6%，下降了 13 个百分点。

全球领先的职场社交平台 LinkedIn（领英）在《关于工作的九个谎言：自由思考领袖的真实世界指南》中指出，如果员工只是来上班，那么会给组织带来实际成本。对于员工来说，全情投入程度每下降 1%，自愿离职的可能性便会增加 45%。对于组织而言，每个员工提前离职均会造成直接成本——从一线员工的略高于其一半薪水到知识型员工或主管的近 2.5 倍薪水不等！

ADP 的员工敬业度报告是基于自身开发的敬业度研究模型得出的结论。由于受样本量限制，我个人对这份报告中的关于中国员工敬业度水平存疑。但是，这并不影响我们学习这篇报告背后的分析结论。同时换个乐观的角度想，员工敬业度低说明我们企业在员工价值上还有很大的潜力可挖掘。

我在研读这份报告时有个插曲，想在这里分享一下，便于我们进一步理解员工敬业度。ADP 的这份研究报告发表在《人力资源管理与开发》（2020 年第 2 期），我当时有感于这么低的员工敬业度水平，将该报告的部分数据在微信朋友圈进行了分享。当时就有同事觉得这个数据不够准确，认为我们的敬业度应该在 80% 以上，并认为加班是敬业的一种表现形式。

首先，我不否认加班是一种敬业的表现形式，但我也不认可"996 是一种福报"的说法，更不认同加班等于敬业。我认为员工敬业应该是自发选择的，是由内向外的，每天是"被梦想叫醒"的那种感觉，是工作心态、工作状态和工作投入度的最佳结合。而加班呢？原因有很多种，敬业是其中的一种没错，但有没有因为工作效率低导致加班的情况？是不是因为工作能力不足导致加班？是不是因为上级领导没下班，而只为表现自己导致的"陪领导式"加班？

我们欣赏勤奋、崇尚奋斗，但不认可用行动上的勤奋掩盖思想上的懒惰，希望我们花费的加班时间能真正产生价值。不然不如回家好好养好"革命的本钱"。

（三）员工敬业度的分析

ADP从企业行业、组织规模、员工教育水平、员工职位、就业状态、工作地点、通勤时间、差旅频次、员工年龄、员工性别、团队组织、员工信任等多个维度进行了员工敬业度分析。

研究发现，组织规模、通勤时间、员工年龄和员工性别对敬业度影响不大，但教育水平越高、职位越高，员工相对更敬业。

最有意思的是团队对员工敬业度的影响研究。具体分析结论如下所述。

一是团队组织比企业行业对员工敬业度的影响更为重要。当员工处于团队之中时，团队员工全情投入的可能性是非团队员工的 2.3 倍。

二是动态团队具有较高敬业度，达到 21%。

三是属于一个团队的成员和属于多个团队的成员之间，敬业度大约有 29% 的差异。在多个团队中工作时，员工全情投入的可能性要高出 1.3 倍。

四是在充分信任其团队领导者的员工中，有 45% 的人会全情投入工作。如果团队领导者得不到团队成员认可，那么只有 6% 的人能做到全情投入工作。

ADP 开展的这个员工敬业度分析，其实本身就是人力资源大数据分析的应用场景。通过这些分析，我们可以了解如何提高员工敬业度，例如，在同等条件下招聘教育水平高的员工，适时对员工委以重任，对员工实行团队管理，甚至让员工在多个团队中工作，努力提升团队领导的管理水平，等等。

我们在推进人力资源数字化转型时，完全可以将员工的相关信息进行数据化，然后再通过建模的方式来研究本企业的员工敬业度，从而改进人力资源管理方式或运营模式，这个过程其实就是人力资源数字化转型的一个场景。

二、如何提升员工体验

HRTech 的员工体验研究院最近发布了一个员工体验旅程图,如图 3-1 所示。该图主要描述、记录员工从接触招聘信息到离职后整个过程中各个重要阶段的综合体验信息,其中包括工作流程、关键接触点、感受、痛点、体验期望、机会点等,这是一件非常有价值和有意义的事。

图 3-1 员工体验旅程图

从某种意义上说,员工体验的范围远远超出了传统人力资源管理的范围。在员工体验管理时代,我们应该回归管理本质,需以员工为核心,即以"人"为核心,全方位地去研究员工体验，并持续做出改进和提升。比如，办公环境的优化、员工身心健康管理、建立激励员工的企业文化等。

前面提到的人力资源管理科技大师乔什·贝辛曾撰文表示：员工体验比以往都重要，员工体验已经成为企业品牌的核心。他在与一家大型的全球性公司合作的过程中对200多件"员工事务"进行了详细分析，目的是实现系统自动化。对于这些"员工体验"，乔什·贝辛在考虑是否能让它们成为自助服务，是否能用新工具来实现自动化，是否能在核心的人力资源系统中实施。

看到这里，我想大家应该可以明白我为什么要在人力资源数字化转型里去写员工体验了，因为这是一种未来人力资源管理趋势，也是我们在推进人力资源数字化转型时，需要去研究和解决的事。

领英的调查显示，员工获得良好体验的概率仅有50%。试想一下，企业只有一半的员工感到体验良好，那另一半体验不好的员工即便没有离职，其产生的绩效也可能远低于其实际能力。

那么如何提升员工体验？

普华永道在其发布的《未来员工体验的五大行动指南》

和领英发布的《2020 人才趋势报告：改变人才吸引和保留的四大趋势》中，提到了在薪酬福利、企业文化、员工培训和工具技术等值得去改进的方面，我觉得有几个内容值得我们去关注和研究。

（一）关注员工身心健康

世界卫生组织将工作压力描述为"21 世纪的全球流行病"。高强度的工作环境、快节奏的生活，需要员工时刻将心思放到工作上。带来的结果就是职业倦怠如影随形，"抑郁症"这个词也频频出现在我们周围，我们身边那些最努力的员工在拼命工作的同时，偶尔也可能会产生离职的想法。那么企业管理者和 HR 如何帮助员工走出焦虑、重塑活力？这就需要我们加强员工的身心健康管理，改善时刻在线的高压工作状态。

中国人很勤劳，也很勤奋，我们经常会在实际生活中看到或听到某企业员工累倒在工作岗位，企业的领导或工会去探望或慰问的情况或消息。

当我了解到欧美一些公司的做法后，我觉得我们应该反思一下。欧美公司会经常给员工奖励一些运动用品，如网球拍、羽毛球拍等，鼓励员工在工作之余锻炼身体，而这么做最直接的好处是给企业节约了大量医疗费用支出，员工的身体一直处于健康状态，可以长期工作下去。我们应该学习借鉴，主动加强员工健康管理，提倡适当运动，提前做好疾病预防工作。

"文武之道，一张一弛"，长期的加班、无休止的工作，并不见得能取得很好的工作效果和工作成果。我曾经问过很多员工：在工作中什么会让他们感到幸福？得到的答案是两个"年"，一个是"年终奖"，另一个是"年休假"。可见薪酬福利不是能够提升员工体验的唯一方面。一次身心放松的年休假，也可以有效提高员工的工作效率。有调查显示，仅仅几天的休假可以让员工提高 80% 的专注力。

另外，在一天的工作之中，安排短暂的休息时间也可以提升员工的工作效率。例如，工间操、午休都可以让员工在工作中保持活力。大家可能不知道的是，一个人做 30min 广播体操消耗的卡路里是 230kcal，而同一个人进行 30min 的慢跑却只能消耗 220kcal。如果将音乐调至 1.25 倍速，在音乐的加持下，30min 的广播体操消耗的卡路里可达 320kcal，如果再加上"群体效应"，那么估计健身效果会更好！

（二）促进工作生活平衡

居家办公将成为未来的一种新型办公方式。2020 年的新型冠状病毒肺炎疫情，在很大程度上影响和改变了人们的工作方式。为了不影响工作开展，人们纷纷改变了办公地点，而很多信息科技工具的创新和应用让居家办公成为可能。未来居家办公可能是一种趋势，工作时间、工作地点灵活了，员工结合自身的实际情况，能够充分把握工作和生活二者之间的平衡，不用再在公司和家之间来回奔波。

还有一点就是企业应促进员工家庭和谐。企业应当合理安排工作强度和工作时间，支持员工多与家人、朋友相处，因为当员工状态处于低谷期时，来自家人和朋友的支持尤为重要。只有"后方稳固"，员工在为企业冲锋陷阵、披荆斩棘时，才不会有后顾之忧。

（三）增强员工互助合作

随着移动互联网技术的发展，人们可能更沉迷于网络世界，一个人的世界也可以很"精彩"，可以刷抖音、看快手、聊微信，人与人之间的交往方式从以前的线下慢慢转移到了线上，但无论是社交媒体还是网络，并不一定可以消除孤独感。

根据有关研究，孤独感会降低工作效率、创造性和决策能力。因此，我们应该鼓励团队集体合作，重塑团体和社会归属感。企业可以组织开展丰富多彩的团队活动，提升团队凝聚力和向心力，还可以按照项目组的形式进行跨专业、跨条线的团队合作。

根据过去 50 年 200 万个专利奖获得者情况的调查，最具创意和影响力的想法更多来自于跨企业的合作。企业可以通过加强员工互助合作，产生更多有创意的想法，以应对这个瞬息万变的时代。

（四）完善员工成长计划

彼得·德鲁克曾在《卓有成效的管理者》一书中指出管理人员经常出现的三个问题，其中之一就是没有做好员工培训，没有建立企业的人才梯队。在当今知识大爆炸的时代，知识更新迭代的速度越来越快，很多大学生可能刚出校园就会发现前几年学的知识已经过时，真正能用的所剩无几。员工进入企业后，要想有更好的发展，就必须持续学习，以获取新的知识和未来所需的技能。因此，不论是从企业管理者的责任出发,还是从员工的需求出发,都应该完善员工成长计划。能够为员工提供学习和培训机会的企业,就具有很大的吸引力。

然而,现在很多企业在学习机会和学习内容方面存在一些问题,就是管理层培训机会多,员工学习机会少,管理层经常培训管理层面的内容,员工经常培训操作方面的知识。这样的结果就是,因为知识层面和知识结构之间存在的差异越来越大,管理者和员工认知的差距也越来越大,两者之间无法平等对话,相互之间也无法理解,造成彼此焦虑。

为了解决这些问题,企业应该持续打造学习型组织,要让管理者和员工共同学习,一起讨论企业的问题,得到答案后形成行动方案,以促进管理者和员工共同成长。

需要说明的是,我并不是说企业开展分层级、有针对性的培训这种方式不对,而是强调企业高层在确定企业文化、愿景、使命、价值观、战略方向和发展目标等内容后,应该组织全体员工共同学习,将这些内容传导至每一个员工,类似于OKR(目标与关键成果法)中的"目标对齐"概念,这样才能形成上下同欲的氛围。

在学习形式上,传统的教学模式已经过时。除了上面提到的共同学习,在个人能力提升方面,如今的培训也需要具备个性化和即时性特点,企业要不断提升员工培训的针对性、有效性,要提供工具以方便员工随时随地地开展学习。

在员工职业生涯发展方面,企业应该鼓励轮岗和交流。我的个人观点是,员工在同一个岗位的时间最好不要超过3年,否则容易形成职业倦怠;对于优秀的员工应该适时提拔重用,或者进行岗位轮换、岗位交流,这样既有助于激励员工,又可以提升员工岗位技能。同时,员工经过多岗位历练后,极有可能产生新的观点和创新成果,如此一来,前所未有的产品、服务和业务流程将就此诞生。

(五)建立创新容错机制

企业的发展离不开创新,但为何创新这么难?究其原因,不是员工缺乏智慧,也不是员工不想创新,而是企业激励约束机制和容错机制不健全,导致员工缺乏创新活力和创新空间。

企业应当建立容错机制,增强企业、员工互信,敢于赋权,让那些愿意干事、能够干事、干得成事的员工放下思想包袱,轻装上阵;为那些敢想敢干、敢闯敢试、敢为人先的员工"壮胆",积极鼓励员工分享创意,加强创新建议的响应和反馈,重视并加大创新激励力度。

值得强调的是,企业应该重视员工的"微创新",并加大奖励力度。任正非曾经说过一句很有名的话:"小改进,大奖励;大建议,只鼓励。"这句话是站在员工务实的角度说的。

成功的产品往往都有规律可循,它们的诞生很多时候并不是源于颠覆式的发明创造,而是源于"微创新"!多年致力于创造力研究的创新领域专家德鲁·博迪和雅各布·戈登堡,通过对强生公司、通用、宝洁、SAP、飞利浦等全球顶尖公司的上百种畅销产品所进行的分析发现,创新并非来自天马行空、惊世骇俗的发明,而多是通过在现有框架内进行微小改进,结果却非同凡响、创意无限。《微创新:5种微小改变创造伟大产品》一书认为,看似百花齐放、花样百出的产品创新,实际上都可以总结为相同的创新模型。

(六)提升激励认可时效

激励是员工体验中比较重要的内容。但如何利用激励来提升员工体验呢?

我们知道激励的方法主要分为物质激励和精神激励。物质激励作用于人的生理方面，可满足人对物质的需要；精神激励作用于人的心理方面，可满足人对精神的需要。物质激励的方式主要包括绩效奖金、单项奖励、实物奖励等；精神激励的方式主要包括通报表扬，给予荣誉称号和荣誉头衔等。这些激励措施都属于正向激励，是对员工做出的贡献给予认可。

我们日常生活中经常看到很多人沉迷于网络游戏，不可自拔。为什么会出现这种现象呢？这是因为游戏的"激励机制"建立得比较好。游戏玩家在游戏中每打掉一个"怪"，就会立即获得"金币"或"装备"奖励，激励游戏玩家不断升级、持续投入，激励的及时性表现得淋漓尽致。我们对员工的激励机制也一样，不论采用物质激励还是精神激励，只有及时兑现，才能取得比较好的效果。

在提升激励认可时效方面，除了激励的及时性，还要提升激励效果。所谓奖励之道，一手物质，一手精神，两者应该相辅相成。只奖励物质，"雇佣军"而已，树倒猢狲散，缺乏精神凝聚效果；只奖励精神，无异于"画大饼、灌鸡汤"，缺乏物质基础。因此，我们可以用物质奖励一时之功，再用精神奖励给物质奖励加成。

三、如何吸引优秀人才

之所以写如何吸引优秀人才，主要是因为优秀人才在企业中占据着十分重要的地位，我想从企业招聘这个角度来阐述吸引人才的方法和理念。同时还可以结合改进员工体验和人力资源数字化转型实施去写这方面的内容。

企业吸引优秀人才一般采取外部招聘和内部招聘两种方式，如图3-2所示。这两种招聘方式各有所长，企业应该结合实际情况灵活应用，而不是长期只选用其中一种方式。

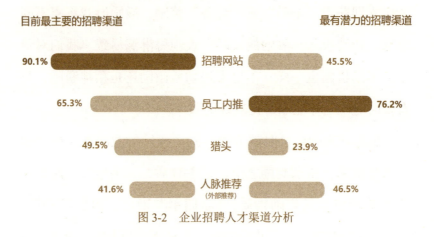

图3-2 企业招聘人才渠道分析

（一）外部招聘

根据大易云计算发布的《数字化招聘现状与趋势白皮

书》和《中国企业内部推荐实践调研报告》，目前国内最主要的招聘渠道分别是招聘网站（占比90.1%）、员工内推（占比65.3%）、猎头（占比49.5%）和人脉推荐（占比41.6%）；从报告结果上看，未来最有潜力的招聘渠道依次是员工内推（占比76.2%）、人脉推荐（占比46.5%）、招聘网站（占比45.5%）和猎头（占比23.9%）。

《战国策》里有一句耳熟能详的话，那就是"物以类聚、人以群分"，指的是优秀的人往往和优秀的人在一起。在实际工作中，我们也不难发现这个特点。研究显示，这种现象不仅仅发生在国内，如员工体验口碑极佳的优秀公司谷歌有52%的员工来自于内部推荐。

还有研究表明，有75%的职场人士属于被动型人才，不会轻易离职，只有25%的人才会积极主动地寻找新的工作机会，而从传统招聘渠道获取的25%的主动求职者，远远不能满足企业对优秀人才的需求。由于很多人才不会从企业主动跳槽，这就要求企业的人力资源部门不能被动等待，而是应该主动去寻找人才。这也是传统的招聘网站在面向未来招聘工作中不再具备潜力的原因。

当然，也有人说可以找猎头公司。从招聘市场实际情况看,猎头公司的质量与猎头人员的素质参差不齐,猎头收取的费用也不低,而且猎头人员只适合寻找高端人才,对于一般岗位工作人员也不太适用。相较于员工内部推荐而言,熟人介绍往往具有一定的情感关系作为纽带,优秀人才对其内部推荐人员的信任度也会较陌生关系的猎头高。而且,内部推荐的好处是员工能够针对企业需求做出精准推荐,并且承担面向候选人与企业双方信用背书的作用。从招聘效率来看,采用内部推荐的方式,在3封内推简历中就有可能出现1个offer(录取通知书)。

综合以上几种原因,再结合大易云计算的数据分析结果可以看出,未来最有潜力的招聘渠道的确是员工内推。

因此,企业招聘优秀人才采取内部推荐的方式是非常有价值的。既然员工内部推荐是个很好的招聘渠道,而且推荐成功率很高,我们是不是应该大力推广员工内部推荐这种招聘方式呢?实际情况又如何呢?

根据大易云计算研究,有37.1%的企业采用员工内推这种方式的入职人员占比不到入职人员总数的10%,即便内推已经成为企业未来招聘优秀人才看好的渠道,但普遍效果依然不太理想。再进一步分析原因,大易云计算得出的结论如下：国内大部分员工内推项目之所以受阻，是因为没有激发起员工的积极性。如何成功调动员工意愿成为员工内推成败的关键。因此，奖励机制设置、奖励何时兑现、是否按时兑现是影响员工积极性的关键要素。

既然我们知道员工内推是一种非常好的人员招聘模式，而且也找到了员工内推做不好的原因，那么我们是不是可以考虑用数字化技术将员工内推应用到人力资源系统中？就如何通过人力资源数字化转型优化员工内推、改进员工体验、提升人才招聘效能这个问题，我将在第四章的人才招聘场景中提出可以实施的方法。

（二）内部招聘

内部推荐是一种吸引外部优秀人才的方法，而内部招聘则是吸引内部优秀人才的方法。谷歌几乎有一半员工来自于内部推荐，那么我们是不是效仿就够了呢？

我认为不是这样的。目前很多企业正在重新发现内部招聘的成本效益优势：不仅可以提高招聘效率，还可以节省招聘成本，内部员工在岗学习有助于在企业内部培养，从而减少外部人员进入企业后需要重新培训一些技能的需要，而企业内部员工已经熟悉企业的文化、流程和系统,没有必要从头开始培训,他们对组织的了解也是一笔可观的财富,内部招聘的员工在新岗位工作上手的效率肯定高于外部招聘人员。充分发挥内部员工的潜力,企业将可以避免不必要的"重起炉灶",从而节省人力资源成本。

同时,企业从内部提拔或调动员工,使他们担任更适合自己特长的岗位,不仅能鼓舞士气,还能促使他们看到个人成长和发展的希望,以创造更积极的员工体验,激励员工更好地去工作和留任。同样,我们是不是在这个方面也可以通过数字化技术去提升员工体验呢?

员工体验管理的内容不仅仅包含本章里提到的内容,我只是选择了我个人认为比较重要的一些内容,未来还有更多的员工体验需要我们去发现和提升。不论人力资源管理如何发展,在员工体验管理时代,我们都应该以"人"为核心,关注员工体验的方方面面,不断去优化我们的人力资源管理理念,并将其融入人力资源数字化转型之中。

第四章　人力资源科技场景

人力资源数字化转型离不开人力资源科技的发展，数字化技术的应用给人力资源管理带来了强劲的技术支撑以及良好的员工体验。

近两年，很多企业和人力资源科技厂商在人力资源数字化转型方面做了深入的研究，并总结出一些数字化技术在人力资源业务场景方面的应用，比如，移动化应用于微学习，人工智能应用于对话式AI、自然语言处理，视频技术应用于学习、招聘，增强现实或虚拟现实应用于培训，等等。

为便于人力资源管理者更好地理解人力资源数字化转型和数字化技术的应用，我将从人力资源管理的视角，分别按照人才招聘、核心人事、培训发展、绩效管理、薪酬福利、员工服务和智能辅助七个方面和大家分享、交流一些人力资源数字化的场景。在未来，会有更多场景等待我们去发掘和实现。

一、人才招聘场景

美国钢铁大王卡耐基曾经说过一句著名的话："如果把我公司的资金、设备、场地、客户和原料全部拿走，只留下我的管理团队，4年之后，我还是钢铁大王。"马化腾也说过："对于腾讯而言，业务和资金都不是最重要的，业务可以拓展和更换，资金可以吸引和调配，唯有人才是不可轻易替代的，人才是腾讯最宝贵的财富。"在小米成立的第一年，雷军的绝大多数时间都用来找人，确切地说是找合伙人。雷军认为小米成功的核心原因就是小米团队。当初雷军决定组建超强的团队，前半年他花了至少80%的时间找人，最终幸运地找到了7个"牛人"合伙。这些企业所取得的成功，大家也都有目共睹。

人力资源科技场景中之所以首先写人才招聘，是因为企业成立之初最重要的就是吸纳人才。对于管理者来说，招聘往往是最重要的事情。对于一个成熟企业来说，人才招聘一般分为外部招聘和内部招聘。其中，外部招聘对象是企业外部的人才，主要分为校园招聘和社会招聘两种方式，其分别对应的是应届毕业生和外部企业在职人员；而内部招聘对象则是企业内部的人才。

经过调研发现，在实际工作中，尽管人力资源部门进行了广泛的测试、评价和岗位匹配性分析，企业招聘的员工仍有1/3是不符合工作要求的。想要解决这个问题，企业招聘能力的升级至关重要。这就需要利用大数据、算法和人工智能工具来提高招聘效果。

这里先还原一下外部招聘场景。外部招聘流程主要分为七个步骤，分别为职位发布（通常需要同时进行企业介绍，即雇主品牌宣传）、简历收集、简历筛选、组织笔试（有的企业还组织开展性格测评）、组织面试、背景调查和发出offer。

（一）职位发布

1. 业务痛点和难点

企业以前传统的招聘职位发布方式是在当地主流报纸上刊登招聘启事，内容包括介绍企业情况，明确企业招聘岗位的名称、数量、职责和应聘条件，以及企业联系人、联系方式等。

进入互联网时代后，传统媒体逐渐没落，其信息传播的影响力也渐渐被新媒体所取代，现在已经很少有企业通过报纸去发布招聘信息了，企业纷纷开始在类似前程无忧、51job、智联招聘和中华英才网等各大人才招聘网站发布职位信息。有一定实力的企业会购买或开发企业招聘系统，同时在企业官网上发布职位信息。

目前存在的问题是：一方面，企业人力资源部门的招聘专员需要在这些网站、平台和系统上逐一发布职位信息，工作重复、工作效率低下且工作量巨大。同时对于求职者来说，他们可能只关注其中一个或两个招聘网站信息，从而有可能错过企业在其他平台或系统上发布的招聘信息。另一方面，对于求职者关于招聘岗位信息的咨询和交流，企业招聘专员几乎很难从容应对，没有时间和精力去回答每一个求职者的问题。而且，对于高端人才和高级别人才，如果采用猎头方式，那么企业将需面临招人成本较高的情况。

2. 数字化解决方案

到了移动互联网时代，人们更习惯于用手机去浏览信息，获取信息的方式也更为便捷。市场上诸如脉脉、BOSS直聘和猎聘等具有社交化、移动化特征的招聘应用软件便应运而生，传统的招聘网站也开始积极部署移动端的应用。"移动优先"的趋势变得越来越明显。

在人才招聘场景下，我们如何运用数字化技术来提升人力资源管理的招聘质效？如何提升求职者体验？

（1）平台化。平安集团的HR-X有个很好的应用案例，就是实现平台化。平安集团与上百家招聘网站、招聘平台和猎头公司合作,双方进行了系统对接,其招聘系统可以做到职位一键发布。也就是说,招聘专员只需在其招聘系统内发布一次职位信息,与其合作的上百家招聘网站、招聘平台和猎头公司都可以同时收到相关内容,并同步发布招聘信息。这极大地提升了人才招聘工作效率,不仅为企业招聘人才争取了宝贵的时间,同时也减轻了招聘专员的工作压力。

(2)社交化。如果平台化的方式是对传统招聘渠道的一种数字化创新应用,那么进入移动互联网时代,在招聘领域的人力资源数字化转型还有一个重要特征就是社交化,主要形式包括内部推荐和外部推荐两种。

对于内部推荐,我们很容易理解,就是企业内部的员工针对企业空缺岗位进行人才推荐,把优秀人才引入企业。那什么是外部推荐呢?外部推荐就是由企业员工的同学、朋友或前同事等相关人员为企业推荐人才,也称为人脉推荐。外部推荐是基于内部推荐方式的延伸。发动员工和员工的人脉为企业推荐人才,本质上就是招聘模式的创新,可以替代猎头和招聘外包服务,并为企业节省招聘预算和费用。

前文提到的内部推荐是一种很好的招聘方式,也是一种极具潜力的方式，但很多企业在实施过程中却没能取得很好的效果。原因是企业的激励机制存在问题。有些企业不仅没有设立人才推荐奖励机制，反而需要员工为其推荐的人才做信用背书，如果引进的人才出现问题，可能还需要承担一定的推荐责任。在这种情况下，员工对于内部推荐的动力可想而知，很多人会生出"多一事不如少一事"的想法，不会积极为企业推荐人才。

根据大易云计算的研究发现，企业内外部推荐项目中，有45.5%的企业会在人才入职时给予奖励，有26.7%的企业会在人才通过试用期时给予奖励，而在转发分享、推荐简历、成功面试等环节设置奖励的占比分别为5%、4%、4%，还有14.9%的企业根本就没有设置奖励措施，如图4-1所示。从奖励形式看，存在现金、积分兑换实物和虚拟奖励（绩效、年度考核加分等），以及多种方式并存的奖励形式。

为了有效发动员工和员工的人脉圈，世贸集团和大易云计算合作开展了有益的尝试。大易云计算基于按照价值贡献给予奖励的理念，研发了名为"人人荐"的招聘产品，这款产品不仅针对内部推荐的员工设置奖励，也针对外部推荐的人脉进行奖励，即在人才招聘链条上做出贡献的每个人都可以得到奖励，真正实现"全民推荐、全民奖励"。世贸集团通过运用"人人荐"产品，采用内外部推荐相结合，并在招聘的每个环节设置奖励的方式，有效地激发了员工和员工人脉的积极性，使员工通过微信等社交工具大量转发职位信息，其结果是世贸集团的内推入职占比由原来的30%左右快速提升到63%。这就是一个技术化的创新替代了原来招聘外包模式的典型案例。

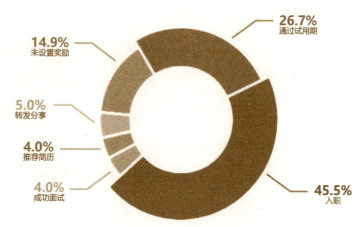

图4-1　大易云计算的企业内外部推荐项目奖励环节分析

目前，已有26.7%的企业正在尝试采取外部推荐方式，使"弱连接"带来更多的人脉机会和想象可能。有数据研究表明，人才推荐奖励公示能带来更好的传播效应，有利于进一步提升企业整体员工内推效果。

同样以大易云计算推出的"人人荐"产品为例,部分企业使用该招聘工具后,每名主管级人才所花费的费用由原来的猎头费用 4 万元下降至 0.36 万元;每名经理级人才所花费的费用由原来的猎头费用 8 万元下降至 0.6 万元。招聘周期也大为缩短,有时可超过 60%。其中,总监级岗位由传统招聘渠道平均所需的 120d 缩短至 30d;经理级岗位由传统招聘渠道平均所需的 70d 缩短至 20d。

因此,为更好地调动员工的积极性,体现内部推荐和外部推荐招聘模式的价值,企业应该研究如何建立内外部推荐的激励机制,包括岗位价值及其奖励标准、奖励环节及其奖励标准、奖励兑现时限等,并将其通过数字化技术应用到招聘场景中。

(3)智能化。职位信息发布后,以前基本没有招聘专员能完全回答所有求职者的问题,主要原因是企业的招聘专员没有足够的时间和精力去应对众多求职者提出的问题。为了解决这个问题,营造良好的求职者体验,可以利用目前相对成熟的 AI 技术,开发建设一个招聘客服机器人。如果求职者采用的是语音提问方式,招聘客服机器人也可以通过语音识别来了解求职者的问题,再将答案推送给求职者,从而减轻招聘专员的工作压力，同时给求职者带来极致的用户体验。

（二）简历收集

1. 业务痛点和难点

简历的收集方式有很多种，日常工作中最常遇见的有纸质简历和电子简历。纸质简历不必多说，其弊端是不方便查看和保管；电子简历有很多种格式，如 Word 版、Excel 版和 PDF 版等；还有各个招聘网站下载的简历也存在格式不统一的问题。企业的人力资源部门每逢招聘时，就会面对大量的低效劳动，使得收集简历和筛选简历完全变成了体力活。

如果让求职者按照企业的标准格式重新填写简历，那么就给求职者增加了一定的工作量，导致用户体验不佳。

2. 数字化解决方案

面对上述问题，简历解析工具应运而生。以现在比较先进的招聘系统为例，企业和各个招聘网站、招聘平台对接后，就算求职者按照网站提供的简历格式录入个人信息，平台招聘系统收到的简历数据也会进行格式化处理，变成企业标准的简历格式，以便企业管理者阅读使用。同时企业借助简历解析工具，不论求职者上传的是 Word 版、Excel 版还是 PDF 版简历，通过 OCR（文字识别技术），都可以转换成企业标准格式简历，极大地提升了人力资源工作效率，同时给求职者也带来了便利，提升了其求职体验。

（三）人员笔试

1. 业务痛点和难点

企业在组织笔试时，人力资源部门除了安排场地、设计考题、印刷试卷、考场监考、阅卷评分等工作外，还有一个环节需要消耗招聘专员的大量时间，那就是和求职者联系确认是否参加考试。传统的方式是打电话给求职者确认，有招聘系统的企业可以通过发送短信和接收短信的方式确认，但不排除有些求职者没有收到或漏看短信的情况。

2. 数字化解决方案

大易云计算研究开发了招聘外呼机器人，可以替代招聘专员打电话与求职者联系，与其进行语音互动，确认求职者是否能准时参与考试。如果求职者反馈没有时间参加考试，这些信息将自动反馈给招聘专员。这种方式为招聘专员节省了大量的时间，提升了工作效率，同时也对求职者进行了电话提醒。

（四）人员面试

1. 业务痛点及难点

一般来说，企业面试都会有一面、二面，对于一些要求较高的职位来说，可能还会有多轮面试。传统的面试都是面对面进行，对于人力资源部门来说，需要准备面试会场、协调面试官时间、准备面试题、通知求职者等；对于求职者来说，需要多次往返企业进行面试。为了解决这些面试效率问题，有些企业开始尝试用微信、QQ等方式组织视频面试，但这种方式依然存在面试情况无法记录的问题。

对于企业面试来说，通常存在一个难点——如何确保各位面试官的面试能力、面试标准一致，没有个人偏见，解决了这个难点才能真正选拔出优秀人才。同时出于雇主企业形象的考虑和对求职者的尊重，面试官可能会被要求面试要达到一定的时间量，如果面试人员达不到录取要求，其实对面试官而言也是一种煎熬。

2. 数字化解决方案

正是因为存在上述多种痛点和难点，人力资源科技厂商加大了智能面试机器人的研发力度，目前已有多家公司对外推广该产品。从实际应用的效果来看，智能面试机器人可以根据招聘职位的条件绑定几个关键问题，与求职者进行互动，并录成视频，供面试官回看。求职者可以通过视频进行答题，不需要安装客户端，也不需要上传视频，回答的问题会被实时记录。智能面试机器人会将求职者的语音答题内容识别成文字，并与系统内设的答案进行比对，从而得出答题成绩。

智能面试机器人在求职者回答问题时，还会对求职者的面部表情进行识别，进行微表情分析，得出求职者的情绪状态、性格特征、大五人格[①]、职业兴趣，然后与招聘岗位的特点进行匹配，最终对面试结果提出建议。

需要注意的是，智能面试机器人并不能完全代替人来进行面试，它在一定程度上起到了面试标准化的作用，完全不存在任何人为偏见因素，可以帮助人力资源部门起到提升工作效率和辅助决策的效果。但在某种意义上，智能面试机器人对求职者的评价本质上是根据算法得出的结论，而算法本

[①] 大五人格主要是指开放性、责任心、外倾性、宜人性和情绪的稳定性。

身需要不断去迭代和完善。因此,智能面试机器人提供的面试结果仅供参考,并不能完全替代面试官去进行人员面试。

(五)背景调查

1. 业务痛点及难点

企业经过笔试、面试等环节后,终于确定了目标人选,但企业对作为候选人的求职者背景依然不甚了解,这时候企业的招聘专员就会去核实候选人的背景情况,也就是我们常说的背景调查,简称背调。

这个阶段的业务痛点及难点就是招聘专员需要花费大量的时间,去学信网和学位网站逐一核实候选人的学历证书、学位证书等信息;到法院民事诉讼网站查询法律纠纷情况;进入征信系统查询失信记录、金融风险记录;有的行业还需要查询监管黑名单;等等。有的背景调查项目还花费不菲,例如,去异地的原单位上门核实其工作情况。

2. 数字化解决方案

基于背景调查的痛点及难点,可以有两种数字化解决方案。第一种是企业在招聘系统中构建背景调查系统,与学信网、学位网和公检法等相关网站、中国人民银行征信系统等进行对接，获取相关背景调查信息。

第二种是与专业的人力资源背景调查科技公司合作，将企业的招聘系统和其背景调查系统进行对接，从而实现身份验证、学历验证、学位验证、经认证的非中国（不包括港澳台地区）教育背景、法院民事诉讼及失信记录查询、负面社会安全记录查询、个人工商信息记录查询、金融行业违规记录查询、金融风险记录查询、专业资质证书查询、职业资格证书验证、过往工作履历核实、过往工作表现基础鉴定和过往工作表现鉴定等一系列的背景调查工作。

通过上述两种方式均可实现背景调查线上化、便捷化，极大地提升人力资源的工作效率，提高候选人的入职效率。

二、核心人事场景

核心人事是人力资源管理最为基础的业务场景，主要包括企业的组织架构管理、岗位管理和人事管理三个部分，其中人事管理主要包括员工入职、试用期转正、岗位调动和离职，也就是我们常说的入、转、调、离。从核心人事这几个字就可以感受到这部分场景是人力资源管理的核心，虽然员工在这个场景里感受不到太多的人力资源服务，但这个部分的建设直接关系到其他人力资源业务场景和员工服务场景的效果和成败，是重中之重。

（一）组织架构管理

1. 业务痛点及难点

数字经济时代，企业的组织架构主要表现为两种形态：一种是传统的以 ERP（企业资源计划）为核心的企业架构，是工业时代以流程为中心的架构，也就是我们常说的职能型组织架构（科层制、部门制都是职能型组织架构的表现形式），组织特点是高耦合性，缺乏弹性，对市场和业务需求响应慢；还有一种是新兴的以 Micro service（微服务）为基础的企业架构，是互联网时代以客户为中心的架构，也就是常说的矩阵式组织架构，组织特点是具有良好的灵活性和弹性，对客户的需求响应快。

数字化转型面临的最大挑战，往往是传统企业原有组织架构难以支撑敏捷反应和快速决策，而实现数字化转型依托于企业级敏捷组织体系的建立。但是，传统企业因为还有大量的线下经营活动，并不能完全转型成为类似互联网企业的矩阵式架构。

2. 数字化解决方案

推进数字化转型，对组织架构的改革势在必行。以金融行业为例，中国人民银行印发的《金融科技（Fin Tech）发展规划（2019—2021年）》（银发〔2019〕209号）27项重点任务中，首先提到了体制机制的顶层设计：着力解决利用金融科技实现转型升级过程中的体制机制问题，积极稳妥推进治理结构、管理模式和组织方式的调整优化，理顺职责关系，打破部门间壁垒，突破部门利益固化藩篱，提高跨条线、跨部门协同协作能力，加快制订组织架构重塑计划。

人力资源数字化转型必然要考虑如何对现有组织架构进行改革。从目前的情况看，传统企业可以考虑在保持现有的组织架构体系下，重新搭建一个企业级的敏捷组织，实行"双模并行"的组织架构体系。

职能型组织架构保证传统业务的正常运行，企业级的敏捷组织架构形成以客户为中心的矩阵式"微服务"组织，以快速满足市场和客户需求，提升企业的核心竞争力。这种"微服务"组织可以以虚拟组织、临时组织和项目组织或自组织的形式敏捷呈现。每个部门、每个人都要在企业级敏捷中发挥作用，同时甄别出具有创新能力的人才，发挥其在数字化转型中的力量。

企业级的敏捷组织架构建设需要配套开展企业敏捷文化建设、敏捷人员管理机制、敏捷薪酬激励机制、敏捷绩效考核机制和敏捷培训培养机制。

从人力资源科技场景出发，在推进人力资源数字化转型的落地实施中，人力资源系统核心人事的组织架构要结合传统职能型组织架构和企业级敏捷组织架构的特点去设计，这将是一种"双层"平行组织架构体系。目前有很多企业都还处于敏捷组织架构的探索阶段。

（二）岗位管理

1. 业务痛点及难点

美国著名心理学家麦克利兰于1973年提出了一个著名的"冰山模型"理论。所谓"冰山模型"，就是将人员个体素质的不同表现方式划分为表面的"冰山以上部分"和深藏的"冰山以下部分"。

"冰山以上部分"包括基本知识、基本技能，是外在表现，是容易了解与测量的部分，相对而言也比较容易通过培训来改变和发展。而"冰山以下部分"包括自我意识（价值观、认知、态度、自我形象等）、心理特征（气质、智商、情商、逆商等）和动机（自我驱动力），是人内在的、难以测量的部分。它们不太容易通过外界影响而得到改变，但却对人员的行为与表现起着关键作用。

传统的岗位任职资格更多从知识、技能等方面提出要求，这些"冰山以上部分"固然重要，但我们逐渐发现，深藏的"冰山以下部分"往往更为重要。

岗位体系的搭建一般随着组织的产生而产生。不管是职能型组织还是敏捷组织，岗位按照组织的职责分解而成。人力资源管理一直在追求"人岗匹配"，也就是把合适的人放到合适的岗位上。岗位体系及岗位任职资格设计，以及做出有效的人才决策，仍是企业在人力资源管理中面临的挑战。例如，我们如何在推进人力资源数字化转型的过程中设立相关组织？如何在组织下建立相关岗位？岗位的职责是什么？岗位任职资格是什么？岗位的胜任力是什么？如何通过外部招聘或者内部选拔来得到可以胜任人力资源数字化转型职责的数字化人才?

2. 数字化解决方案

为了更好地解决"人岗匹配"问题,人力资源科技领域正在致力于研究岗位画像、人员画像,力图通过岗位画像和人员画像的比对,帮助企业寻找能胜任某岗位的优秀人才。

(1)岗位画像。岗位画像是在岗位说明书、岗位胜任力的基础上,结合行业内外优秀人才的基本特质,提炼属于本组织特定岗位人才的基本特征。既有岗位的基本条件,也有人才的自身特质;既有理性的工作要求,又有柔性的行为描述。由于有"特征"和"行为"的介入,人才的招聘、选拔和评价行为才变得更为精准。

岗位画像目前有三种实施方法,具体如下。

第一种是绩优标杆法。这种方法基于过去,其通过总结、提炼企业现有岗位中绩优人员表现出来的信息、特征,形成一套岗位画像。之所以说这种岗位画像方式是基于过去的,主要是因为绩效人员的表现是针对历史情况展现出来的,是过往业绩的表现。历史的绩优人员不能保证在未来持续保证绩优,只能作为一种参考。在当今这个环境变化剧烈的时代,通过绩优标杆法形成的岗位画像只有不断进行迭代优化，才能保证岗位画像的精准性。

第二种是关键任务法。这种方法基于现在，在实施当前某个具体项目时，根据任务要求，总结、提炼出特定岗位的资格要求和特征。这种岗位画像方法不具备前瞻性和可持续性，仅适合当下。

第三种是战略分解法。这种方法基于未来，其根据企业的战略发展规划，结合岗位需求，描绘出有利于企业发展的各个岗位的画像。这种岗位画像的方法具备一定的前瞻性，需要企业管理者对未来发展所需人才的特征有精准的把控，这种方法是最难的，然而也是最精准的。

岗位画像实施方法在人力资源系统具体落地时，主要分为专家法、大数据分析法。专家法就是组织企业的管理者、专家对岗位所需的特征和行为进行明确；大数据分析法是指通过岗位历史数据建模和网络大数据分析来明确岗位所需的特征和行为。

有些人力资源科技厂商在岗位任职资格方面做了一些尝试。比如，我在与易路软件公司的交流中了解到，该公司研发的人力资源系统可以通过互联网大数据检索，使企业的人力资源管理者在书写岗位说明书时,能够及时了解到市场上类似岗位的任职资格以作为参考。

(2)人员画像。人员画像主要通过主观评价和客观评价来实施。其将人员的各个要素进行全面整理,包括但不限于教育经历、工作经验、专业技能、行为习惯、思维方式、价值观和情商等,确保企业管理者能够更加全面地评价人才、选拔人才。

在员工画像的处理上,各家人力资源科技厂商采用的方法各不相同。以平安集团的HR-X为例,其将人员画像进行了标签化处理,通过24组主观标签和250个客观标签进行数据采集、建模分析,不断沉淀信息,从而形成个人画像;再如社交化的招聘软件脉脉,其在系统中预置了很多职业标签,先按照行业特征进行细分,再按照每个行业的职业方向和岗位,具体从工作内容、个人能力、团队管理、语言能力和办公软件五个方面获取标签信息,最终形成个人画像。有意思的是,脉脉的标签体系建立有点类似于维基百科的"全民共建"方式,每个用户都可以提出增加、完善标签的建议,假以时日,这套标签体系足以覆盖各行各业及各个岗位。

(三)人事管理

在人事管理方面,主要包括人员的入、离、调、转等业务。目前,人力资源科技场景应用最为丰富的莫过于人员入职和离职,这里就针对这两个方面交流一下。

1. 人员入职

入职是员工正式进入企业的第一个人力资源业务流程,入职环节效率的高低会影响 HR 后续工作量和工作成效,也关乎新入职员工的体验。

(1)业务痛点及难点。新员工入职流程通常包括入职体检、调转档案和组织关系、填写履历表、签订劳动合同和各类协议(如保密协议)、规章制度阅知、办理各类证卡(门禁卡、餐卡、工资卡)、安排办公地点、申请办公用品和办公设备(计算机)、开通各类系统账号[办公网络、OA(办公自动化)系统、人力资源系统、财务系统等]、团队介绍和新员工培训等。

除人力资源部门外,与新员工入职相关的部门还包括办公室、党办、财务部、保卫部、信息科技部、新员工所在部门、银行网点、体检医院、社保部门、公积金中心、税务局和出入境管理局（需要备案的人员）等。

待入职人员收到入职通知后，通常先按照要求去指定医院进行体检，然后和企业的 HR 联系办理入职手续。传统的入职手续需要 HR 进行大量的沟通联络，包括和各相关部门联系接洽事宜，入职手续全部办好到新员工可以正常进入办公状态，快则需两三天，慢则要一周以上。

对新入职的员工而言，入职时需要签署劳动合同和很多协议文档，重复填写很多遍个人信息，仅签署文件可能都需要几个小时的时间。同时新入职员工还需要去各相关部门领取物品、办理证卡、学习相关规章制度等。不论是 HR 还是新入职员工都会感觉耗时、费力，体验不佳。

从企业经营的角度看，员工入职当天就已经开始起薪，入职的时间越长，企业耗费的成本就越高。若企业一年入职 2000 人，入职时间为 1 周（5 个工作日），新入职人员平均日薪仅按 500 元计算，企业一年耗费的成本就是 500 万元。如果这个企业一年入职人数更多、薪酬水平更高、入职周期更长，那么耗费的成本将会更大。

（2）数字化解决方案。为了缩短入职时间，提升入职效率，减轻 HR 事务性工作压力，同时带给新员工良好的入职体验，我们完全可以用数字化技术去优化人力资源的业务流程。

平安集团 HR-X 的极速入职功能可使新员工入职时间被压缩到 10min，如图 4-2 所示。之所以人力资源系统能把入职效率提升到极致，是因为我们在把入职流程进行优化再造的同时，启用了数字化技术。当员工收到录取通知时，可自行在手机上安装人力资源系统 App，并在手机上进行身份验证和体检预约，体检结果会直接提交至 HR。新入职员工可以在手机上进入合作银行页面，在线提交开卡申请，完成工资卡的开立。

图 4-2　平安集团 HR-X 极速入职功能

在入职报到之前，新员工在手机上就可以完成个人信息的补充完善和企业制度学习。通过使用电子合同和电子印章技术，新入职员工可以在线完成劳动合同签订。待劳动合同签订完成后，企业的HR可以将各类证卡的办理申请、办公用品申请、办公计算机申请、办公工位申请和各类系统用户申请等事项一键发送至各相关业务部门。新员工入职报到当天，其各类账号已经开立，办公用品、办公计算机和办公工位已经就位，新员工可以立刻进入工作状态。

除平安集团的HR-X外，才到云打造了一款名叫"才到云入职"的产品，通过"设定入职模板包""发起入职&员工端""集中审批&员工信息管理"流程，实现三步无接触入职，助力企业完成"无接触、超高效、易操作、极灵活"的入职管理流程。比较有特点的是，才到云把入职流程设计成了游戏通关模式，一步步引导入职者领取"装备"（入职材料、各类系统账户和需HR协助准备等事项）、开始"启程"（企业和企业文化介绍）和进入"寻宝"（了解政策指引、任务目标）等，通过全新方式带给员工良好的入职体验。

2. 人员离职

（1）业务痛点及难点。领英发布的《第一份工作趋势洞察》(以下简称《洞察》),如图 4-3 所示。《洞察》中写道:第一份工作的平均在职时间与在职人员的年龄密切相关,越年轻的员工其在职时间就越短。70 后(1970—1979 年出生的人)员工第一份工作在职时间一般约为 4 年,80 后(1980—1989 年出生的人)则是 3 年半,90 后(1990—1999 年出生的人)骤减到 19 个月,而 95 后(1995—1999 年出生的人)员工的在职时间平均只有 7 个月。

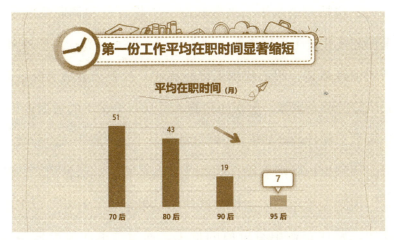

图 4-3 领英发布的《第一份工作趋势洞察》

优秀人才在当今时代已被很多企业看作核心竞争力,然而人才的流失问题一直困扰着大多数企业,人才流失对企业来说不仅是人力成本上的损失,更会对企业内部氛围产生重大不良影响。随着 90 后群体日益成为职场中的生力军,过高的离职率以及关键人才的流失问题愈演愈烈,已引起越来越多企业的高度重视。

除了企业正常淘汰的人员,人员离职最大的业务痛点和难点就是人才流失的突然性和人员离职的真实原因不清楚。

(2)数字化解决方案。对员工的离职进行预测,其实很早就有企业在进行这方面的研究,惠普曾在2011年就利用预测分析调查内部员工的行为,并通过掌握内部员工的动静行为,包括薪资水平、加薪状况、工作评价和调职情况等,来预测哪些员工可能离职。通常来说,薪水越高、加薪越多、绩效评级越高,职工就越不可能离职,这些因素成为降低离职风险的驱动因素。惠普的预测人员从每个员工的数据着手,分析员工预计的离职模式,得出每个员工的"离职风险分数",进而预测出哪些因素组合的员工类型最有可能引发离职。然后,预测人员和部门主管根据预测结果审慎了解部门员工的意向,留住企业中有价值的员工。通过"离职风险模型",让惠普避免了因员工频繁离职而造成的人力资源成本,减轻了大量的人员增补工作,而且还帮惠普省下了将近3亿美元的资金成本。

领英的《2020人才趋势报告:改变人才吸引和保留的四

大趋势》显示，目前已有企业通过数字化手段来预测员工离职。Discovery Limited 是一家总部设在南非桑顿的国际金融服务组织，约有 1.6 万名员工，该组织投资开展人才数据分析，旨在降低离职率。自 2017 年起，该组织开始建立"人力资本管理驾驶舱"，收集组织架构、员工人数、人群特征、招聘、留任、员工参与度、多样性和包容性、员工身心健康和薪酬等数据。该组织已经建立了一个能预测离职率的统计模型，借助数据分析得出的结果，领导层可以调整工作策略，并预先主动联系标记有离职风险的员工。目前，该组织的离职率已从 16% 以上降至 12% 以下，人力成本下降已显成效。而且，该员工离职预测模型还采用了机器学习的方式，每次将新一批的数据导入后，都可以提升其预测准确性。

在 2019 年，我曾调研过一家股份制商业银行的人力资源系统，其人力资源部门已经搭建了"人力资本管理驾驶舱"，收集了近 400 个专业指标，同时也做了离职预测分析研究。更进一步的是，HR 可以根据离职预警提前做好"两手"准备：一是与可能离职的人才加强沟通，做好人才挽留工作；二是通过系统开展"人岗匹配"分析，从"继任计划"中自动筛选出若干合适的后备人选供领导参考和选择，以备不时之需。

因此，人力资源管理者可以建立包含所有员工信息的重要矩阵仪表盘，通过对员工的行为方式及对组织绩效的贡献进行预测，旨在短时间内识别离职风险高的员工。企业的HR和管理者可以基于这些高离职风险的员工数据，提前做好相关准备和预案，防止员工流失或着手准备继任人选。

不过，等到离职预警出现时很多时候还是为时已晚。为了防患于未然，企业更应该"亡羊补牢"，做好员工离职原因分析，并研究改进措施。

目前，很多企业已开展了离职人员管理，但实际上有些企业只是通过离职谈话的方式走个流程，然后办理离职手续，并没有做到足够重视。为了方便办理离职手续，很多离职人员填写的离职原因是"个人原因"，而真实的原因可能被隐藏了。其实，如果离职管理做得好，能够挖掘出优秀人才的真实离职原因，对企业的帮助将是很大的，有助于企业不断改进和提升管理质效，降低优秀人才离职率，就算是确实因为"个人原因"而离职的人才，说不定未来某天还可以继续为企业做出贡献。

正因为离职管理如此重要，IBM智能劳动力研究所（IBM

Smarter Workforce Institute）基于上万名员工的行为大数据对离职原因进行了分析，并提供了研究参考，如图 4-4 所示。排名前列的分别是对工作不满意、个人原因、对组织不满意、组织变更导致诸多不确定性、对直接主管不满意和晋升问题等。

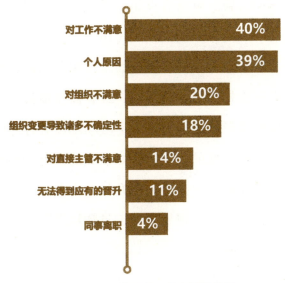

图 4-4　IBM 关于员工离职原因分析

IBM 的调研结果只能做个参考，原因是每个企业都有自己的特殊情况，员工离职原因也会不尽相同。例如，95 后对于"好工作"的衡量标准是弹性工作制、年假、工作餐和班车等"软福利"更加重要。此外，企业内男女员工比例多少、厕所是否干净并且有没有放厕纸和无线网网速的快慢都是员工的考虑因素。如果哪天企业管理者听到离职原因是"计算机太差",那么千万不要惊讶,我们可以在知乎网站上看到大量类似的离职原因。

当我第一次看到网上热议"因计算机不好用而离职"这个离职原因时,曾经觉得有点不可思议。再反思一下,其实事情并没有那么简单。例如,UI(用户界面)设计师因为对设计软件和屏幕高像素的要求,通常使用苹果计算机开展工作,当企业只能提供普通计算机,或者需要很长时间才能申请到时,这种情形就如同让战士上战场却没有合适的武器一样,会带来非常不好的员工体验。领英的研究结果显示,关于员工体验,需要企业去改进提升的方面有七个,而这个离职原因至少包含了"直观易用的工具和技术"和"简化的行政流程"两个方面。

在推进人力资源数字化转型时,我们完全可以将离职原因采用结构化方式嵌入离职管理的业务流程,并采取相应的保密措施,让离职人员能够真正地"吐露心声"。HR 可以定期对离职原因进行分析,研究改进措施,不断提升人力资源管理质效,改善员工体验,从而降低优秀人才离职率,节省企业因人员变动而产生的招聘、培训等成本。

三、培训发展场景

企业不仅仅是用人,更是在培养人,高度重视员工培训的企业必然是一个优秀的企业。通过完善企业培训,员工可以不断提升综合素质和业务技能,从而为企业创造更大的效益,实现企业价值和员工价值的共同成长。

培训工作是每个企业必不可少的内容之一,优秀的企业每年都会花费大量的时间和费用用于员工培训,但如何准确衡量培训成果却又是最难的。正因为这样,我们更应该去研究如何做好培训。比如,完善培训内容,提高培训的针对性;优化培训形式,以及改进培训技术,提高培训的有效性。

(一)培训内容

1. 业务痛点及难点

目前,企业一般会结合自身经营发展需要,建立完善的培训体系,设计很多培训内容。比如,有员工入职时候的新员工培训(主要是企业介绍、企业文化和规章制度等),有满足员工上岗需要的上岗培训(主要是与员工从事岗位相关的业务知识和技能培训），有结合企业经营发展的业务培训（主要是企业发展战略、新业务和新产品知识和案例分享等），还有针对各级员工能力方面的管理培训（主要是领导力、学习力和执行力等）。

然而，企业中每个员工的知识结构、业务知识和能力素质都是参差不齐的，虽然培训内容很丰富，但是传统的统一培训方式很难满足员工对培训内容的个性化需求。有些员工会重复学一些已经掌握的知识，导致浪费时间；有些员工可能又学不到需要学习或想学的内容，存在培训死角。

同时，企业在建设培训平台过程中，通常由人力资源部门组织完善培训内容，这样往往存在业务培训内容缺失或者培训内容不成体系的情况。尽管给业务部门开放了培训课程的更新维护权限，但由于其重视程度不够，也可能存在培训内容滞后或缺失的情况。

2. 数字化解决方案

淘宝为了缩短消费者的商品搜索时间，提高消费者的交易成功率，会根据消费者日常浏览的商品内容，通过算法主动进行同类产品推送，因此，每个人打开的淘宝首页都是个性化的，也就是"千人千面"。

为解决员工培训的针对性和个性化问题，我们可以采取类似淘宝首页的"千人千面"模式，以精准识别员工能力短板和学习发展需求为目标，打造"千人千面"智能培训引擎，个性化配置学习资源，全流程追踪学习进展，定期评估、反馈学习效果，帮助员工将知识转化为价值。

如何搭建员工的个人培训体系？我个人觉得可以采用"智能推课""领导荐课""个人选课"三合一的方式，在培训平台中创建员工的培训体系和培训计划。

第一类培训内容是"智能推课"。企业应该加强技能短缺人才预测分析，结合员工岗位所需，识别企业内部的员工潜力，制定科学且符合企业发展需要的"必修课"，并将该岗位的"必修课"直接纳入员工的培训计划中。

第二类培训内容是"领导荐课"。很多人都以为我们自己很了解自己，其实我们每个人都对自己存在认知偏差和认知盲区，也就是我们自以为某方面还不错，其实在他人眼中还有待改进。因此，这个部分其实可以与绩效管理结合起来，根据员工的绩效考核情况，由上级领导结合员工的能力短板将培训课程推送给员工，纳入员工的培训计划中。

第三类培训内容是"个人选课"。在实际工作中我们经常会发现，企业给员工购买的一些图书并不太受员工欢迎，员工反而会自己花钱去得到、樊登读书和混沌大学等 App 平台上付费学习。这其实是因为企业并不了解员工每个人的真实学习兴趣和发展需求。针对此问题，我们可以在培训平台中逐步建立完善的师资库，引入一些高质量的慕课、公开课，供员工自己去"选修"。

通过"智能推课""领导荐课""个人选课"的结合，搭建完善的员工培训体系，不断提升员工培训内容的全面性和针对性。

除了员工培训体系的搭建，更重要的是培训内容的完善。除了人力资源部门逐步完善师资库、引进一系列课程外，更多的是需要将培训内容"去中心化"。

2021 年 2 月初，微软公司发布了全新的员工体验平台 Microsoft Viva，它可以将沟通、知识、学习、资源和洞察结合在一起。通过 Microsoft Viva，微软公司试图培养一种文化，目的是"使员工和团队能够在任何地方都能发挥最大作用"。该平台有四个模块，分别是连接（Connections）、洞察（Insights）、主题（Topics）和学习（Learning）。其中，Connections创建了一个"数字校园"，在这里员工可以使用企业所有政策和其他集中式资源；Topics是通过系统识别知识和专家，生成主题卡、主题页面和知识中心，形成企业的"人员和信息维基百科"；Learning则集成了领英学习平台、微软学习平台和其他外部资源，形成企业知识库。

从微软发布的这个员工体验平台中可以认识到，在数字经济时代，人力资源部门很难将企业所有的培训内容全部完善，这就需要将培训工作"运营"起来，要让培训变成企业所有部门、所有人员的工作之一，打造真正的学习型组织。对此我们可以采用以下三种方式。

一是在培训平台中，按照业务条线、岗位设置学习频道和学习专栏，利用以各业务部门为主、人力资源部门为辅的方式负责培训内容的运营维护，形成企业知识库。

二是打造"知乎"式交流平台，在企业内部推广问答、问题悬赏和案例萃取等交互式培训。

三是组织培训活动，在企业内组织内训师大赛、微课大赛和员工技能竞赛等活动，进一步提升培训效果。

（二）培训形式

1. 业务痛点及难点

培训形式主要包括线下培训和线上培训两种方式。

传统的线下培训主要以讲课的方式呈现。优点是可以和参训员工面对面，互动比较直观方便、效率高，能够通过员工的听课状态真实感受到员工的培训体验；缺点是在很多方面受培训环境和培训时间的限制。一是受培训场地空间影响，参加人员数量受到限制，特别是在疫情期间，更加不适合人员聚集；二是受培训时间影响，有些培训在工作时间开展，企业正在上班或值班的人员就有可能无法参加，以至于需要分班培训，加大了 HR 或者业务部门组织培训的工作量。如果安排在晚间、周末等休息时间，长此以往就会打破员工工作和生活之间的平衡，导致员工体验不佳，学习效果也必然大打折扣。

新兴的线上培训主要有动画短视频、线上直播课、情景微视频、知识长图文、语音录播课等形式，如图 4-5 所示。线上培训的优点是不受时间和空间的束缚，可以随时随地开展培训，参加培训的员工基本不受培训人员数量和培训时间限制，就算当时没有时间参加线上培训，也可以通过浏览课件和视频回放的方式进行学习。这种形式的培训呈现出轻量化、碎片化的特点，更多以一种线下培训辅助形式存在，其缺点是对学习效果难以把控。

图 4-5　新兴的线上培训形式和特点

2. 数字化解决方案

在数字经济时代，需要将线下培训和线上培训有机结合，同时我们可以清晰地看到，线上培训将越来越重要。

美国国家训练实验室曾经对不同培训方式的培训效果进行了研究，并发布了关于学习内容平均留存率的"学习金字塔"模型，如图 4-6 所示。从员工的学习角度来看，"学习金字塔"模型分为上下两个部分，金字塔上半部分为被动学习，也可以理解为"输入式培训"模式，主要包括老师授课、文字资料、音视频资料和示范演示；金字塔下半部分为主动学习,也可以理解为"输出式培训"模式,主要包括交流讨论、实际演练和教授他人。

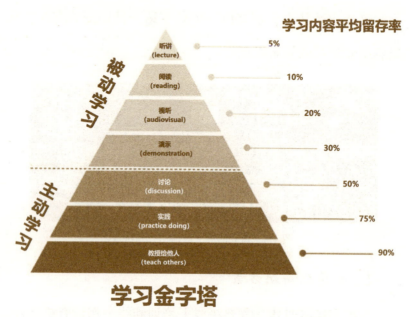

图 4-6　美国国家训练实验室的"学习金字塔"模型

从学习效果不难看出,输入式培训模式的效果远低于输出式培训模式。

采用输入式培训方式时,学习效果大致如下:通过老师授课的方式学习,员工两周后只记得学习内容的 5%;通过阅读方式学习,员工一般只记得学习内容的 10%;通过声音、图片相结合的方式学习,员工可以记得学习内容的 20%;通过示范演示这种方式学习,员工可以记得学习内容的 30%。

然而，如果采用输出式培训方式，学习效果将会提升很多：通过小组讨论的学习方式，员工可以记得学习内容的 50%；通过实际演练的方式，员工可以记得学习内容的 75%；而通过教授他人的方式，员工可以记住 90% 的学习内容。

学习强国 App 估计很多人都使用过，除了学习内容丰富、学习形式多样和信息更新及时外，最有特色的是增加了学习的即时激励措施，通过读文章、视听学习、学习答题、内容分享和发表观点，甚至是运动走路，都可以获得学习积分，参与学习排名，积分累计达到一定分值后，还有兑换图书、助农产品、文创产品和流量等福利。

学习强国 App 综合利用了文字资料、视听资料、学习答题和分享交流等多种培训形式，可以使参与者取得较好的学习效果。同时辅以学习排名、积分兑奖等激励措施，可以使参与者进一步提高学习积极性。

在人力资源数字化转型中，我们可以充分运用以上研究成果，通过数字化技术提升培训效果。首先，在企业培训平台上，可以在提供文本类学习资料的基础上尽量增加音频、视频形式的多媒体课件；组织员工开展课程设计大赛，并将优秀作品在企业培训平台上进行分享，促使员工进行输出式学习；开发直播培训平台，增强培训的便捷性，加强员工之间的互动交流，吸引员工参与学习讨论等。同时，开发企业移动学习平台，让员工通过手机 App 可以随时随地进行学习和参加培训，再辅以相应的激励措施，进一步提高员工学习的便利性、积极性和有效性。

其次，虚拟现实（virtual reality，VR）、增强现实（augmented reality，AR）和混合现实（mix reality，MR）技术的应用，也是未来培训的一个发展方向。虚拟现实、增强现实和混合现实等技术，由于具有强烈的身临其境之感和人机交互特征，可以为员工提供良好的学习体验，能让员工全身心投入，并在更加生动、安全的工作情境中掌握工作技能，进而快速有效地提升学习效果。这种沉浸式技术的培训方式已被证明可以提高知识记忆率和学习效果。

2017 年，全球知名快餐连锁店肯德基推出了名为"The Hard Way"的虚拟现实密室逃生训练游戏，该游戏在 10min 内教授新员工炸鸡的基础知识。事实证明，这种沉浸式学习方式既有趣又有效，将员工掌握技能所需的时间缩短了 50% 以上。

此外，随着数字化技术的发展，AI 技术也逐步应用到培训之中，AI 陪练机器人将在未来的培训中越来越常见。早在 2015 年时，欧姆龙公司研发的第四代 FORPHEUS 机器人就被吉尼斯世界纪录认证为世界首个"乒乓球教练机器人"，那时的 FORPHEUS 已经可以发球和应对简单的扣球了。2018 年，FORPHEUS 进一步优化 AI 算法和机械调试，将回球误差控制在 0.1mm 之内，增设了追踪人类动作的摄像头，可以评估人类的实际运动水平。利用机器学习技术对乒乓球的运动轨迹进行分析，判断对手水平，从而调整自己的水平，争取做到与对手匹配。

2020 年，中国乒乓球学院和上海新松机器人自动化股份有限公司合作研发了 AI 发球机器人庞伯特（Pongbot），不仅在硬件上"拟人化"，更加接近于人；在软件上，研发团队还赋予它分析能力，给它加入了运动轨迹分析和动作分析等功能，如图 4-7 所示。

图 4-7　AI 发球机器人庞伯特（Pongbot）

该 AI 发球机器人可与手机 App 互联，然后在手机 App 上设置乒乓球旋转等级、速度等级及落点位置，实现训练方案个性化定制。训练者可以将教练制订的训练计划输入程序，然后执行训练。同时，AI 算法能够分析乒乓球运动轨迹，捕捉运动员的姿态，然后给出反馈指令，优化球员打球姿势，再根据运动员的表现，对课程难易程度进行智能调节。训练的数据会同步至云端，可在手机终端实时展现，方便教练和球员自己了解训练情况。AI 发球机器人参与乒乓球辅助教学，为国球的教学、训练带来了诸多益处。

除了 AI 运动陪练机器人，在企业的业务培训上，现在也有了 AI 智能陪练机器人。通过人机互动、虚拟对话实训，开启了崭新的员工业务培训方式。平安知鸟培训平台就在近期推出了 AI 智能陪练，如图 4-8 所示。其中真人模拟对话练习场景，让员工可以像跟真实客户交流一样，能看到表情，感受到对话氛围，语义识别准确，并且可以进行方言训练。

模拟场景对话训练后，AI 智能陪练可以根据员工的业务知识掌握情况和服务态度自动打分。AI 的微表情分析技术可以帮助员工更好地关注服务态度和神态。

图 4-8 平安知鸟推出的 AI 智能陪练场景

四、绩效管理场景

绩效管理是各级管理者和员工为了达到组织目标,共同参与的绩效计划制订、绩效辅导沟通、绩效考核评价、绩效结果应用和绩效目标提升的持续循环过程。

很多企业在开展绩效管理时,对绩效管理并没有清楚的认识，认为绩效管理就是绩效考核，把绩效考核作为约束和控制员工的手段，通过绩效考核给员工施加压力。而实际上，绩效管理和绩效考核是不同的，绩效考核只是绩效管理的一个环节。

绩效管理的目的不仅是发绩效工资和奖金，还有持续提升组织和个人的绩效，保证企业发展目标的实现。绩效考核是为了正确评估组织或个人的绩效，以便有效进行激励，是绩效管理最重要的一个环节。

常用的绩效管理工具包括平衡积分卡（BSC）、目标管理（MBO）、SMART[①]管理法、关键绩效指标（KPI）、经济增加值模型（EVA）、目标与关键结果（OKR）、360度评价、行为等级评级评价理论（BARS）、作业成本分析法（ABC）和杜邦分析法（ROI）等。

需要了解的是，这么多的绩效管理工具中没有最好的，只有最适合的，也可以说只有适合自己企业的才是最好的。我们应该研究：哪一种绩效管理工具最适合我们的企业，对于不同部门、不同岗位的员工，是否需要使用不同的绩效管理工具来达到最佳效果。有些绩效管理工具的使用，甚至还

[①] SMART 具体是指明确性（specific）、衡量性（measurable）、可完成性（achievable）、实际性（realistic）和时限性（time-related）五个方面。

需要企业文化的变革，需要各级管理者和员工的理解和支持。但不论使用哪一种工具，目标都是一样的，即持续提升组织和个人的绩效，保证企业发展目标的实现。在推进人力资源数字化转型时，我们只有先确定使用哪种绩效管理工具，才能通过数字化技术将其落地。

绩效管理不仅仅是人力资源部门的工作，更是企业各级管理者的职责。在人力资源数字化转型阶段，人力资源部门不再仅仅负责组织开展企业的绩效管理，更重要的是要给各级管理者赋能，让各级管理者都成为"人力资源管理者"，共同做好企业的绩效管理。

（一）绩效目标

1. 业务痛点及难点

目前，很多企业的绩效管理模式以 KPI 为核心，这是一种自上而下的管理模式。KPI 的理论基础是"二八"理论，即一个企业在经营发展过程中，部门和员工 80% 的工作价值是由其 20% 的关键行为完成，抓住 20% 的关键指标，就能实现企业的经营发展目标。

通过提炼和归纳企业运行过程中的关键成功要素，采取一系列的分解方法，将企业的战略目标分解为部门和个人可执行的工作目标。KPI 可以是能够衡量组织和个人工作绩效的任何定量指标。对于大多数企业、部门和个人而言，能够列举出的指标数量都非常多。然而，数量多并不意味着效果好，"有 KPI" 和 "有正确的 KPI" 之间还是存在很大区别的。以信用卡营销人员为例，发卡量和活跃客户数这两个 KPI 相比，显然后者更加科学严谨。

因此，在此目标管理环节，有两个最核心的问题：一是如何确保企业管理者设定的关键指标的合理性；二是如何确保企业目标、部门目标以及个人目标的一致性。

对于采用 OKR 管理的企业来说，这是一种自下而上的管理模式，OKR 确定了 O（目标）之后，依然需要用 KPI 或者里程碑的形式来表示 KR（关键结果）。其主要问题是如何明确企业、部门和个人的目标，以及合理设定每个目标达成的可衡量的关键结果。

2. 数字化解决方案

绩效目标的制订是绩效管理的基础环节，不能制订合理的绩效目标就谈不上绩效管理。

在无法确认企业制定的 KPI 是否合理时，我们可以通过绩效管理系统的"关键指标看板"关注考核期间组织和个人每项关键指标的完成情况，并通过数据分析进一步确认每项关键指标和企业经营成果的相关性，进而不断调整、优化组织和个人的 KPI。同时，通过绩效管理系统还可以进行数据穿透，以分析组织内部各层级各项关键指标的目标分解情况，避免出现层层加码而形成的不合理的绩效目标，进而确保企业目标、部门目标以及个人目标的一致性。

而实施 OKR 管理的企业，员工个人目标与团队目标、企业目标相背离的主要原因是信息不畅通。即员工在制订目标时与上下级、同级之间缺乏沟通，对其他人的目标更不了解。因此，在实施 OKR 的过程中，通过设计公开透明的 OKR 管理系统，员工之间可以自由查看、评论彼此的 OKR 内容、进度及得分，并能够根据其他人的 OKR 和收到的反馈、建议，对自己的 OKR 进行调整优化，实现企业目标、团队目标和个人目标"对齐"，确保全体人员的最终目标保持一致。例如，在易路软件的绩效管理系统中，上级可以指定下级的短周期目标，也可以支持下级主动继承、修改和创立自己的目标并和上级的目标进行关联，同时设立这些目标之下的关键指标或关键里程碑。

（二）绩效沟通

1. 业务痛点及难点

企业在进行绩效管理时，由于缺乏有效的数字化技术手段，各级管理者对于员工的绩效目标完成进度不能实时掌握，对员工推进工作中存在的问题也不能及时、准确地了解，绩效沟通往往是滞后的，导致绩效目标的过程管理存在不足。

2. 数字化解决方案

为了解决绩效目标的过程管理问题，人力资源部门需要将部门、人员和业务数据进行打通，让各级管理者根据个人权限随时查看相关人员绩效目标的完成进度和完成情况，并及时针对目标实现过程中出现的问题进行沟通、解决。

平安银行研发的口袋银行家 App 可以让管理者在手机上即时查看每家营业网点的人流量（包括其业务办理渠道），实时了解营业网点各项经营指标的增减变化情况。管理者还可以通过数据挖掘的方式，查看营业网点内员工的业绩变化情况，甚至可以了解员工与其分管客户的联系频次，并对员工业绩不理想的原因进行初步判断。通过查看营业网点和员工的业绩变化情况，管理者可以及时采取措施，加强与营业网点主管、员工的沟通交流，查找问题原因，提供必要的帮助，进而协助并促进绩效目标的达成。

在易路软件的绩效管理系统中，部门主管可以设置问题库，将希望了解员工行为的关键性问题实时推送给员工，了解目标执行过程中遇到的问题，并对员工的每一步成功给予点评、点赞，员工之间也可以相互协作并对对方的支持行为进行评价、点赞。部门主管可以定期和员工召开复盘会，绩效管理系统将自动搜集过去一段时间里该员工与目标执行有关的关键信息和评价，为部门主管更好地指导员工，以及为员工明确下一步工作方向奠定强有力的基础。

（三）绩效考核

1. 业务痛点及难点

很多企业以季度、半年度或年度为周期进行绩效考核，此种考核模式往往存在较大的滞后性，绩效考核的及时性、透明性存在一定的问题，进而导致绩效考核的效果大打折扣。试想一下，员工为企业做出的贡献需要等到三四个月之后，甚至更久的时间才能得到考核和激励，激励的效果怎么可能会好！究其原因，首先是因为业务数据或者考核指标数据采集不方便，有些考核指标甚至需要手动调整，以至于员工的贡献很难及时得到量化评价。其次，人力资源部门和各级管理者缺乏较好的绩效考核系统或工具，也是一个很重要的原因。

还有一点需要注意，OKR是绩效管理工具，但并不是绩效考核工具，OKR的效用是在绩效考核之前，它的主要作用是发挥员工的自驱力，驱动组织和个人产出优秀的绩效。在实际运用中，OKR和绩效考核二者之间应该是脱钩的，要允许员工试错，鼓励员工个人制订激进的、充满挑战性的目标。如果企业要对员工的业绩进行考核，那么需要使用其他的工具和方法。

2. 数字化解决方案

绩效考核是绩效管理发挥效用的重要环节，在这一环节中，必须建立公开、公平、公正且有效的评估系统，而且该系统还能便捷地获取组织、个人与绩效目标相关的数据。

阿里巴巴实行的是多类型、多模式的绩效考核，其淘宝、天猫等业务经营系统在设计时就已经考虑到了人员考核，同时把人员与业务经营系统进行了融合，其人力资源系统能够便捷地获取员工在各个业务板块所做出的业绩贡献，为绩效考核的开展提供了坚实的数据基础。

对于某些实行工单制的企业来说，其绩效考核几乎做到了实时。比如，滴滴打车的司机将乘客送到目的地后，结合乘客的反馈意见，马上就可以收到按一定规则分配的打车费用。

对于很多传统企业而言，在建设其核心业务系统时，并没有像阿里巴巴那样把组织、人员的考核理念融入业务系统。为了解决此问题，除改造核心业务系统的运行方式，还可以考虑建设一个业绩管理系统，与核心业务系统进行对接，对组织、人员的业绩数据进行有效管理，并与人力资源系统的绩效考核模块相关联，尽量减少人为的手动干预和处理，进一步提升绩效考核的及时性和透明性，真正发挥绩效考核的导向作用和激励约束作用。这也恰恰说明了企业的数字化转型是一个全面的数字化转型，人力资源数字化转型要参与业务经营，要以人为核心，为企业创造全新价值。

同时，对于中大型企业而言，人力资源部门有限的绩效专员很难应对部门复杂、人员众多的绩效考核。因此，在人力资源数字化转型中，人力资源部门为企业的各级管理者赋能就显得尤为重要，除了制定绩效考核政策，还要为企业各级管理者提供绩效考核工具,让管理者和员工都能在人力资源系统中便捷、清楚地查询业绩情况,并做出公开、公平、公正和有效的考核评价。

(四)绩效反馈

1. 业务痛点及难点

绩效反馈是指绩效考核结果的应用以及绩效评价的沟通反馈,这个沟通反馈过程也是绩效管理的重点。因为绩效管理的最终目的是提升企业和员工的业绩,而且是通过不断循环改进的方式提高。要做到这些,企业管理者的绩效反馈就是必不可少的环节之一。

绩效结果应用的沟通可以让员工明白,要对自己过去的行为和结果负责,引导员工从正确的角度思考;绩效评价的沟通是帮助员工查找产生良好绩效和不好绩效的原因,并制订加强或改进的措施和方法。这个沟通过程主要在考核者或企业各层级管理者与被考核者之间进行。

然而,在实际工作中,很多企业管理者忽视了绩效反馈的意义和作用,存在走形式或者连形式都不走的情况,导致绩效反馈的价值缺失,不利于企业和员工业绩的改进和提升。

2. 数字化解决方案

企业要做好绩效反馈，首先要引起企业各级管理者思想层面的重视，要真正去研究和关注团队、员工在完成绩效目标过程中存在的问题。其次，通过数字化手段在人力资源系统中完善绩效反馈功能，做到绩效反馈留痕，并结合管理者在绩效考核环节对员工的主观评价和其业绩情况，智能评估、分析员工的长短板，并提供差异化的面谈辅导建议，协助管理者做到评估辅导有依据，绩效管理流程全覆盖。

五、薪酬福利场景

薪酬福利的重要性可以说是在员工体验中排名第一的存在。随着人才争夺大战日益白热化，企业均在不断优化员工的薪酬福利结构，一种新的薪酬福利制度——总体回报模型（total rewards model）应运而生，也就是近几年常说的"全面薪酬"或"整体薪酬"。总体回报模型在企业文化、企业战略和人力资源战略的基础上全面考虑了员工的各种需求，包括员工所付出的时间、技能、努力和成果所给予的各种物质性及非物质性回报。世界薪酬协会（WorldatWork）于2020

年发布了最新的总体回报模型,如图4-9所示。内容主要包括薪酬(compensation)、福利(benefits)、认可(recognition)、人才发展(development)和幸福感(well-being)五个方面。与其2015年发布的总体回报模型相比,幸福感作为一种新元素被引入,在原来的工作生活平衡(work-life balance)的层次上更进一步,考虑到了员工的工作氛围、生活质量和身心健康,以及经济和环境等因素,进而使员工达到积极高效、健康快乐的状态。

图4-9 世界薪酬协会发布的员工总体回报模型

员工总体回报模型的提出将传统意义上的薪酬、福利等物质激励之外的激励措施引入了企业管理者的视野,这从另一个角度说明了员工培训、绩效管理和员工体验管理等人力资源工作的重要性。这里只把薪酬福利的发展趋势做一下简单介绍，目的是使我们在未来可以更加重视总体回报的意义，并期待在总体回报上做出更多创新。

目前传统意义上的薪酬、福利中，薪酬主要包括固定薪酬（如基本工资）和可变薪酬（如绩效工资、绩效奖金等），福利包括社会保险、商业保险、年金和节日礼品等，作为员工获得现金薪酬的补充，为员工包括其家人提供保障。

（一）薪酬机制

1. 业务痛点及难点

每一个企业都应该建立一套完善的薪酬制度，其中包括基本工资体系、绩效奖金办法，甚至股权激励措施等制度。从薪酬体系看，各家企业的形式多种多样，有的企业建立了员工级别体系，按照员工级别设计一一对应的薪酬体系；有的企业按照员工职务、专业序列设计了宽带薪酬体系；有的企业结合岗位价值、员工能力水平和过往薪酬水平等，实行谈判工资，一岗一薪。对于绩效奖金来说，各个企业实施的绩效考核更是五花八门，各显神通。按照我的理解，这里面最难的是岗位价值和个人贡献的衡量，即如何结合企业实际情况和经营发展情况给岗定薪、给人核薪，从而确保薪酬机制的内部公平、公正和市场竞争力,真正起到正向激励的作用。

2. 数字化解决方案

现如今已经进入数字经济时代,应该以价值导向为核心,将薪酬制度建立在数据模型上,把数据模型嵌入系统流程,构建集数据中心、模型中心和流程中心为一体的智慧薪酬管理平台,连通企业的战略目标、员工实际绩效和个人薪酬回报,实现薪酬与业绩贡献相匹配的目标。

根据企查查官网消息,2021年3月5日,字节跳动公开了一项新专利。这项专利叫作"员工薪资方案生成方法及装置",简单来说就是"员工薪资方案一键生成"。它可以使企业根据个性化需求在所提供的员工薪资方案模板基础上,通过选择目标薪资项目,并为其配置参数的方式,自动设定满足企业需求的员工薪资方案。

易路软件曾经一直强调其建设的是一套以薪酬为核心的人力资源系统(现在已经不止于薪酬),其在薪酬方面也确实做了很多有益的探索。有一次我在与其创始人兼CEO王天扬先生的交流中了解到,目前在易路的人力资源系统中,已经开始引入市场上的薪酬大数据,企业在招聘人员的时候,可以将人员的工作经历与企业所处的行业、岗位进行智能匹配，由人力资源系统给出合适的薪酬水平建议，进一步提升企业薪酬体系的合理性和市场竞争力。

同时，复杂的可变薪酬（绩效奖金）计算需要收集大量的业务数据，并反复校验确保数据的准确。例如，汽车服务公司的可变薪酬计算涉及不同车品类有不同的提成比率、主机厂对特殊车型的补贴、金融产品渗透率的奖金比率、精品的奖金比率、保养服务的奖金比率和员工行为如带试驾的次数等，且还会根据实体店所在区域的情况各有不同。而这些数据收集上来后，又涉及员工人事活动（入职、转正、调动和离职）的折算问题、考勤数据问题和社保个税问题，使得算薪工作变得极为复杂。易路采用了核心的"动态触发"技术，即当前端数据收集平台的数据发生变更后，即可触发相关人员薪资逻辑的计算，从而得到准确的结果。员工也可及时查看颗粒度为每日的薪酬计算结果，并可根据目前的完成情况预测未来的薪酬回报。对于有错误的数据，员工也可以及时在系统中进行申诉，管理员可在后台追溯至原始输入数据，了解计算结果生成的原因，帮助企业实现日清日结的业务要求。

（二）薪税处理

1. 业务痛点及难点

目前，全国很多城市的社保政策、公积金政策和税收优惠政策不尽相同，且每年都会进行相应调整，各地政策的调整时间和生效时间也不一样，对于分支机构分布在全国各地的企业来说，有一项内容至关重要，就是确保每个发薪单位的社保政策、公积金政策和税收优惠政策能够及时、准确地在人力资源系统中进行维护，进而保证每名员工的个人所得税计算准确、缴纳无误。

然而，这项工作对人力资源系统和薪酬管理部门的要求极高，涉及的方面也较为宽广，包括每年"五险一金"的缴费基数和缴费比例调整，特殊时期、特殊群体的不同政策，以及企业分布在全国各地的分支机构需在不同城市税务局进行报税，等等。例如，某个城市对残疾人员工的个人所得税实行优惠政策，其每年缴纳的个人所得税采取减免措施，即按照个人所得税计算规则，如果企业存在残疾人用工，就需要单独为其配置相关规则。再如，在计算员工个人所得税时，每个员工每年都可以累计减除6万元费用，但因为员工的雇佣类型不同，6万元的扣除方式也截然不同。同时，每个员工的专项附加扣除内容也各不相同，这些都让薪酬管理部门在计算个人所得税时极易出错。而且，如果不能及时进行调整，那么就有可能导致这部分员工利益受到损害，可能是短期的工资薪金，也可能是长期需要依赖于社保和个税的购房和落户，甚至会给企业带来一定程度的劳动风险。

2. 数字化解决方案

当前，国家税务总局已经开发并上线了自然人税收管理系统扣缴客户端，其功能相当强大，已经完整涵盖了全国各个地区的个人所得税最新政策。企业在计算员工个人所得税时，均需与自然人税收管理系统计算结果进行账务核对，计税结果以国家税务局为准。如果出现偏差，那么企业需检查问题所在，并对其进行修正，确保计税数据的准确性。

然而，由于每个发薪企业的发薪周期不统一，有的企业在与自然人税收管理系统计算结果进行账务核对前就已经完成了工资发放工作，核对时发现的错误只能在之后的税务所属期进行弥补，或者对个人所得税进行更正申报，这些都大大加剧了薪酬管理部门的工作量。

既然如此，有些人力资源科技厂商开发的人力资源系统就采用了与国家税务总局金税三期系统打通的模式。例如，易路人力资源系统推出的薪税产品不仅按照最新税法内嵌个税计算函数，帮助发薪企业精准校算个人所得税，还支持直接使用税务局的计算逻辑进行个人所得税的计算，从源头杜绝算错税金和实发工资的可能性，即便一个月内多次发薪，系统也将自动累计算薪和算税数据。对于复杂多变的社保政策、公积金政策和税收政策，该薪税产品都能及时做出响应，并在第一时间进行迭代升级，确保个人所得税和实发工资计算的准确性，降低企业的用工风险，保障员工的利益和长远的生活福利。对于发薪企业内的不同雇员，只需要维护正确的人员类型，个税计算时自动按照最新的政策予以计算，针对残疾人、孤老、烈属等特殊人群，减税免税计算也不再困难。对于分支机构分布在全国各地的发薪企业来说，还可以支持批量计算和批量申报各地个税。

"算得最准的方法就是不算"，这看似四两拨千斤的方法，使得企业应对政策频繁改变的工作量和错误率降至最低，这应该是目前企业解决关于个人所得税计算问题的一种行之有效的方法。

(三)弹性福利

1. 业务痛点及难点

企业发放福利本来是一件好事,但是如果做得不好,得不到员工的认可,反而会"花了钱还不讨好"。究其原因,传统的福利管理都是企业管理者研究制定福利政策,如统一形式的商业保险、年金投资和节日礼品的采购等,这种福利管理模式是由上至下的管控型,并不是从员工体验出发的,实际上并没有贴合每位员工的实际需要,因此往往出现"众口难调"的情况,很难得到"全员满意"。

2. 数字化解决方案

美世咨询公司发布的《弹性福利实践市场洞察》报告显示,在提供弹性福利的企业中,外资企业占比达到88%。在过去的两年时间里,实施弹性福利的企业客户数量又有了明显增加,增长率为28%,而且越来越多的民营企业和国有企业加入弹性福利计划的队伍,对弹性福利方案的设计进行了大胆的尝试,如图4-10所示。

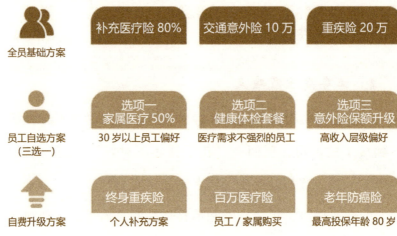

图 4-10　员工弹性福利方案示例

与传统较为统一的福利模式相比，弹性福利更多地结合了员工的个人意愿和需求，两者之间的区别就如同团餐和自助餐。这种以员工为中心的福利管理模式带来了良好的员工体验，正被越来越多的员工所欢迎。以商业保险为例，企业在全员基础保险的基础上，可以提供给员工自选方案和员工自费升级方案。员工自选方案可以结合员工自身需求进行设计；员工自费升级方案是在企业成本支出有限的情况下，利用企业团购的优势，采用 B2B2C[①] 模式，为员工争取更多的利益，降低员工购买额外保险的费用，满足员工各类保险

[①] B2B2C 全称 business to business to customer。第一个 B 指卖方，即产品或服务的提供商；第二个 B 指交易平台，即提供卖方与买方的联系平台，此处指企业；C 指买方，此处指企业的员工。

需求。

调查显示,在所有的弹性福利类型中,最受欢迎的前四名分别是团体保险、福利商城、B2B2C(员工自选和自购保险福利)个人保险及健康体检,市场流行度均在 60% 以上,如图 4-11 所示。在提供福利的人群中,连带为员工的子女、配偶等家属提供自选方案几乎成为市场主流,流行度达到92%。而且为员工及其配偶的父母提供保障福利的趋势正在逐渐显现。

图 4-11　员工弹性福利类型

弹性福利商城最初的形式是线上兑换产品,即为员工提供健康相关产品,但随着员工不断发展的个性化需求,福利商城逐渐发展成一个品类丰富的综合线上商城。企业可以结合自身的实际情况，根据企业福利战略选择对应的健康产品，其中，员工最喜爱的产品品类包括家居类、健身类和电子产品类等。

企业年金目前也有两种管理模式：一种是企业进行统一的年金管理，并选择统一的投资策略；另外一种是由企业提供几种年金投资方案，由员工自行选择稳健型或者激进型的投资策略。

因此，企业在设计弹性福利机制时，在很多方面都大有可为。然而，企业的弹性福利要想做得好，就需要企业建设灵活的弹性福利平台，各类福利一定要结合员工的实际需求。弹性福利平台的建设还要依托企业外部的战略合作，如保险公司、体检中心和福利商城等。

外企德科 FESCO Adecco 旗下公司 FAFULI，即上海君铧富励信息技术有限公司，通过横跨多个领域整合包括医疗、保险、金融和电子商务等优质资源，打造了国内首个全流程自主福利平台，如图 4-12 所示。业务范围覆盖全球约 7000 家企业，为超过 80 万名企业员工提供集健康管理、风险保障、自助理赔、积分消费和员工圈活动于一体的福利解决方案，实现线下至线上的服务转型,真正解决了企业与员工对一站式福利管理的需求。更重要的是,为员工福利行业赋予了全新的定义,开创了员工福利时代。

图 4-12　FAFULI 自主福利平台操作界面

六、员工服务场景

员工服务应该是人力资源数字化转型中最大的变化和亮点,企业的人力资源系统此时真正地从仅仅服务管理者和 HR,转向面对全员的服务和赋能。需要注意的是,人力资源系统建设得好不好,关键在于是否融入适合企业经营发展的人力资源管理理念,而不仅仅是程序代码的开发和UI(用户界面)的设计。

在推进人力资源数字化转型时,人力资源管理人员要转变思维,除了要考虑人力资源管理的专业需求外,更重要的是"以人为核心",以人为本,关注员工体验,要站在员工角度关注其在企业工作全生命周期的需求,协助解决员工工作和生活中的问题,全力提升员工的满意度、敬业度和幸福感,促使员工全情投入工作,不断提高工作质效,创造更多的价值,最终实现企业和员工个人价值的共同提升。

我曾对员工服务及赋能的范围进行了一次梳理,主要包括十个方面,即核心人事、信息查询、事务办理、成长发展、薪酬福利、关心关爱、办公服务、团队管理、绩效管理和人力洞察等。前七个方面主要与员工服务相关,后三个方面主要与管理赋能相关。需要注意的是,这些内容不见得完整,未来依然有很大的提升空间。

(一)核心人事

核心人事主要包括员工的入、离、调、转。在核心人事场景基本是站在人力资源管理者和HR的角度进行了阐述。

这里从员工的角度再进行补充提示,在办理核心人事业务时,人力资源管理者和 HR 一定要换位思考,尽可能地把员工服务的体验做到极致。例如,员工入职时需要提前进行入职体检,企业的人力资源部门可以与符合条件的体检机构进行系统层面的平台对接,及时给待入职员工发送体检通知、体检注意事项,快速接收体检结果和诊断建议,不断提升员工的服务体验和入职效率。

(二)信息查询

在信息查询方面,各级管理者和员工最大的需求莫过于个人信息、同事信息、薪酬福利信息和员工积分信息等内容。

个人信息。其是人力资源数字化的基础。在人力资源系统建设过程中,个人信息的完整、准确和及时更新至关重要,可以说没有完善的个人信息,人力资源的数字化转型不可能成功,因为没有数据化(信息化),根本不可能实现数字化。

个人信息主要包括联系信息、基本信息、政治面貌、工作经历、教育经历、培训经历、专业技术资格、职业资格、证件信息、出国(境)证照、奖励情况、处罚情况、考核情况、亲属信息、社会关系和职业标签等。个人信息的准确性和完整性依赖于员工本人、员工同事、各级管理人员和 HR 的参与度，有些信息需要员工本人进行修改更新，有些信息需要同事和管理人员参与填写，有些信息需要 HR 进行调整维护。同时，在人力资源数字化中经常提到的"画像"，特别是基于人员信息的人员画像准确度基本取决于这些信息的完善程度。

同事信息。主要用于同事之间的工作交流和人员管理，这些信息也依赖于个人信息的完善程度。人力资源数字化转型有一个特征就是社交化，同事信息在人力资源系统中是否好用，是否可以为员工交流提供便利，是需要在系统设计时予以考虑的。例如，同事之间需要工作交流，但之前彼此并不认识，那么我们可以通过在同事信息中设置主要工作职责信息的方式，利用模糊搜索技术，让员工可以做到"以事查人"，而且可以通过联系信息进一步查找到同事的办公电话、微信号、QQ 号、邮箱、办公地点、在岗状态、工作代理人、紧急联系人及联系电话等信息（注意手机号为个人隐私信息，应根据企业文化和员工接受度确定是否公开），从而实现"就算不认识，也能找到你"的功能，为员工之间的交流提供便利，进而提升员工体验。还有一个常见的场景就是部门更换新领导后，新任领导往往无法快速了解本部门下属的情况，只能让人力资源部门协助提供其下属的个人简历、考核情况等信息。因此，我们完全可以根据管理需要，分级设置权限。除个人隐私数据外，在人力资源系统中为管理人员提供员工相关工作信息，便于新领导迅速进入工作状态，这也可以理解成为管理人员服务和赋能。

薪酬福利信息。主要为员工提供每月或一定周期的薪资发放明细情况，便于员工及时了解薪资信息。这个信息也是企业和员工均高度关注的内容，有些企业出于薪资信息保密管理需要，会在薪酬福利查询时增加二次密码验证、薪酬信息截屏黑屏和触发警示信息等功能，有的企业还在薪酬福利信息页面添加姓名和手机号水印，防止员工泄露相关信息。

员工积分信息。该信息的运用关键在于企业的积分体系建设，如学习积分、考核积分、创新积分和合规积分等，这些积分可以与员工的岗位调整、升职加薪、物质奖励和奖金扣罚进行关联。

（三）事务办理

这里所描述的事务办理仅仅指与员工相关的人事事务。事务办理主要包括时间管理、证明开具、因私出国（境）管理和问卷调查等。

时间管理。主要是指与员工考勤相关的内容,包括考勤打卡、各类请假、因公出差、假勤查询、排班、加班、调休、销假和异常考勤管理等内容,这些事项均与员工的薪酬、绩效密切相关,因此需要做到操作简单方便、流程灵活适配、数据准确集成、审批简洁高效。

证明开具。主要包括员工日常工作、生活所需的在职证明、收入证明、出境证明和生育证明等,这些证明既有标准制式,也有个性化需求。因此,人力资源系统需要做到灵活可配置,一切围绕员工实际需求进行设计。例如,针对在职证明,有些需要中、英文版两种形式,有些还需要包括收入信息;针对收入证明,有的员工需要税前的,有的需要税后的,有的需要固定期限的,有的需要一段时间内的,有的需要包含住房公积金项目,等等。

因私出国(境)管理。主要是指金融行业、政府机关等单位出于工作需要而加强管理的备案人员,因私出国(境)证照需进行集中管理,并在因私出国(境)时履行审批手续,以及护照等证件的申办、申领及归还事项。对于证照的实物管理还可以配置相应的专用设备。例如,深圳市雄帝科技股份有限公司研发的智能证照管理柜,可以对本式护照和卡式证件进行保管,并与人力资源系统进行对接,从而实现业务流程线上审批。证照自助借还的功能极大地提升了员工体验和管理效率,降低了人工管理成本。

问卷调查。可以对涉及员工体验、工作情况等方面的事项,在一定范围内进行在线调研。对员工来说,这可以看作是一种工具,根据需要扩大其使用范围。

(四)成长发展

成长发展主要包含内推竞聘、人才市场、职业规划和成长记录等方面的内容。

内推竞聘。其是指跟企业人才发展相关的内部推荐和内部竞聘,前文已经介绍了员工内部推荐和内部竞聘的优点,这里不再赘述。需要注意的是,在进行人力资源系统设计时务必把激励措施融入进来,可以是精神激励的形式,也可以是物质奖励的形式,或者两者结合的形式,进而充分调动员工参与的积极性。

人才市场。该方面更多的是站在各级管理者的角度考虑,人力资源系统可以为其提供人力资源管理服务。人力资源系统可以为各级管理者提供其分管范围内下属的个人简历及业绩考核情况等内容，甚至可以提供储备的外部人才简历，供其寻找、选拔合适人才时作为参考。

职业规划。其为员工提供了一个可以思考未来发展，并向管理者和人力资源管理部门反映的渠道。在这里，员工可以自由发表心声，畅想未来的发展路径和职业发展需求，而人力资源管理部门和管理者也可以及时了解员工的思想情况和其未来发展方向，进一步为企业未来战略发展需要和人岗匹配奠定人才基础。

成长记录。其是一种体现人文关怀的"个人账单"，可以总结员工在年度内或一定时间内的职位成长经历、培训经历、获得荣誉情况和奖励情况，进一步激发和提升员工的使命感、荣誉感和幸福感。

（五）薪酬福利

对于员工来说，薪酬福利除了方便查询、即时反馈需求，以及前文提到的弹性福利自选、自购等需求外，还包括诸如良好的工作环境、早午晚餐、班车等内容。从总体回报角度来说，这些都属于员工的薪酬福利。

如何通过人力资源数字化提升员工在薪酬福利方面的体验，同时还能为企业创造价值？这里举一个案例，京东的人力资源管理部门一直在推行有温度的人力资源管理，HR 通过考勤数据分析发现，一部分员工的下班时间经常在晚上八九点左右，甚至在晚上九点形成了一个小高峰，这个时候下班的员工已经没有了班车，只能打车回家，但是出租车或滴滴快车比较少，员工等车的时间平均在半小时左右，员工的体验非常不好。HR 做了进一步的数据分析发现，家庭住址距离京东总部 5km 范围内的员工下班打车的最多，HR 经过协调后，在晚上高峰期增加了摆渡班车，使员工的平均等待时间由原来的半小时减少到 10min，大大提升了员工的满意度。同时经过实际检验，企业开通摆渡班车的费用远远低于员工打车报销的费用。

通过这个案例可以发现，HR 通过人力资源系统的考勤数据、员工家庭住址信息、打车时间和报销人员等大数据整合分析，提出了较好的解决方案，不仅提升了员工体验，同时也降低了企业运营成本，这就是人力资源数字化转型的价值所在。

（六）关心关怀

关心关怀主要包括特殊日期的祝福问候，以及员工的健康管理等内容。

关于祝福问候，人力资源系统可以在属于员工的特殊日期自动发送定制化的祝福问候，除了国家法定节日、二十四节气，还可以有员工生日、入行纪念日、入党纪念日，甚至还可以是添丁之喜、乔迁之喜这些关键时刻的祝福。通过企业组织无微不至的关心关怀，不断增强员工的归属感和幸福感。

在健康管理方面，平安集团的 HR-X 集成了其旗下的平安好医生 App，员工可以通过人力资源系统直接进行在线问诊、购买药品等操作，便捷好用。此外，还可以与物联网设备进行集成，如运动手环、运动手表，通过采集员工心率、血氧饱和度、身高和体重等数据，关注员工的身体健康情况，帮助员工加强健康管理。对于女性员工，有的企业人力资源系统还设计了完善的孕期关怀管理，可以实现孕检预约、孕期教育等功能，帮助女性员工加强孕期健康管理。人力资源数字化正在改变传统的关心关怀方式，将员工生病事后关怀变成主动加强员工健康管理，让员工以更好的状态、更健康的身体投入工作。

（七）办公服务

提到办公服务，有些管理者和 HR 肯定会奇怪办公服务与人力资源有什么关系。其实，人力资源数字化转型首先要转变的思维就是要以员工为中心，"以人为本"不是口号和口头禅，工作效率的提升意味着人工成本的降低和时间效率的提升，一切可以提高员工工作效率的事情都与人力资源相关。

未来的人力资源管理要深入了解员工的工作情况，通过改进行政流程、提供高效办公服务工具等手段，降低组织与组织之间、员工与员工之间的沟通成本和时间成本，从而不断提升组织和员工工作质效。这也是钉钉、WPS 文档、飞书 OKR（飞书 OKR 更大的作用是目标管理，字节跳动在设计该产品时便定位于拥有强大的办公协同功能）等办公协同工具越来越受到企业和员工欢迎的原因。一些内勤管理类的工作也可以通过人力资源系统提供相关管理服务，如办公用品申领、会议服务、公务用车和商务招待等。这里面有很多场景都可以去挖掘。

总之，要围绕企业经营发展过程中员工的需求去改善员工体验，促进工作质效的提升。如果企业里的 OA 系统没有相关功能，那么人力资源系统就可以去补充完善。

（八）团队管理

团队管理主要是为了给各级管理者赋能，一般包括团队档案、团队考勤、团队活动和团队祝福四个方面的内容。

团队档案。其是为了解决各级管理者在单位或部门变动后，或者分管业务范围变动后，对新的团队成员不了解的问题。在保护员工个人隐私信息的前提下，人力资源系统可以协助管理人员更快地了解下属的相关基本信息和工作信息。例如，团队员工的年龄、性别、政治面貌、教育经历、工作经历和年度考核情况等，以便让管理者更快、更好地进入工作状态。

团队考勤。其是为了协助管理者加强团队员工的工作纪律和员工关怀管理。以往考勤情况基本掌握在人力资源管理部门，管理者对团队成员的上下班时间、外勤地点可能并不能及时、清楚地掌握。人力资源系统可以协助管理者了解团队成员的考勤情况，及时发现员工异常，并加强对经常加班的员工的关心和关注。

团队活动。其可以协助管理者加强团队建设，营造积极向上、团结和谐的团队文化。团队活动可以是学习活动、营销活动、文体活动和团建活动等。以文体活动为例，有的企业设置了很多活动协会，如足球协会、羽毛球协会、网球协会、棋牌协会、书画协会、登山协会、摄影协会、跑团和合唱团等。通过开展丰富的团队活动进一步提升团队的学习力、向心力和创新力，在工作之余促进身心健康，打造充满活力和正能量的员工队伍。

团队祝福。可以促进团队的凝聚力，让员工感受到除了家庭之外的团队温暖，进一步增强员工的归属感和敬业度，激发员工的主人翁精神和敬业精神。

（九）绩效管理

绩效管理主要包括绩效计划（或绩效合约）、绩效辅导、绩效测评和绩效反馈四个方面。具体内容已在绩效管理场景进行了描述，再次放在员工服务场景中，更多的是想强调绩效管理是各级管理者应该做的工作，而不仅仅是人力资源部门的事情。各级管理者应该加强团队的绩效管理,为团队成员设定目标、加强辅导、开展考核,并提出改进意见,形成良性循环,让团队和员工个人共同进步,最终实现企业的经营发展目标。

同时,人力资源系统可以将人员数据和经营数据打通,通过数据展示、数据分析激励全体员工奋发作为。

(十)人力洞察

人力洞察可以结合各级管理者的需求,为其提供一些基础的人力资源数据分析,主要包括人员结构分析、人员流动分析、薪酬数据分析、绩效考核分析和培训效果分析等,同时还可以结合实际进行自定义分析,进一步协助各级管理者做好人员基础管理工作,助力企业的经营发展。

七、智能辅助场景

IBM人才解决方案与人员分析副总裁Tom Stachura曾指出:"人工智能堪称加速器——可以帮助我们采集各种数据,为决策者、员工或业务负责人提供背景信息。在人工智能的帮助下，我们能够迅速提供合适的情报，大规模实现个性化。"

人工智能是一个概括性术语，涵盖机器学习和认知计算等多个领域，旨在使用计算机模拟智能行为。常见的人工智能技术包括 ChatBot（聊天机器人）、RPA（流程自动化机器人）、OCR（文字识别技术）和 NLP（自然语言处理）等。人工智能目前已成功应用于视觉感知、语言处理、语音识别、语音到文本转换、语言翻译、语调分析及其他一些领域。随着人工智能技术的快速发展和深入实践，越来越多的人工智能技术应用到了人力资源管理领域。

在前面的人力资源管理场景中，或多或少地提到了一些辅助 HR 开展人力资源管理工作的人工智能技术应用场景，这里的智能辅助场景更多是指服务对象为各级管理者和员工的情况，并主要分享智能客服、智能预警和智能分析的场景。

（一）智能客服

在日常生活中，我们都很熟悉智能机器人，并逐渐习惯智能机器人为我们提供便捷的服务，如苹果的 Siri、华为的小艺、小米的小爱同学以及百度的小度等。我们通过语音就可以与其进行互动，让其提供聊天、拨打电话、播放音乐、查询资讯和导航等服务，甚至还可以与智能硬件设施相关联，实现语音控制和远程操控智能电器设备的功能。

在人力资源系统中，除了前面提到的招聘机器人、面试机器人和陪练机器人，还可以创建HR助理机器人，帮助HR服务全体员工。各种人力资源业务都可以通过语音或者文字与HR助理机器人进行互动。

根据IBM发布的《人工智能在人力资源领域的应用案例》报告，IBM开发了可供人力资源管理部门全年使用的聊天机器人。这些聊天机器人支持员工确认福利方案，支持管理人员制订薪酬计划。通常这些工作都有规定时间期限，而且涉及人员较多，因此需要聊天机器人快速对用户问题做出答复。有些聊天机器人在一年中的某些时段比较忙碌，如绩效管理、福利登记和薪酬规划等聊天机器人，IBM称之为"季节性机器人"。还有一种全天候机器人，每天24小时在线，如IBM广受欢迎的新员工聊天机器人，是IBM最繁忙的聊天机器人之一，每天平均回答700个问题。如果员工有问题不知向谁求助，就可以找聊天机器人帮忙。

IBM使用聊天机器人的目的在于：快速准确地解答员工问题，同时减少HR的工作负担。如此一来，HR就可以用节省下来的时间解决更复杂的人力资源问题。

（二）智能预警

智能预警一般有两种，一种是关键工作与时间相关的程序化预警，还有一种是通过大数据分析形成的异常状态预警。

对于程序化预警，不管是管理者、员工还是 HR，都会有定期需要开展的关键工作，仅仅靠人脑记忆终究不是好的办法，因此，我们需要通过使用流程自动化机器人触发预警，提醒我们需要处理的相关工作。如上下班打卡提醒、强制休假提醒、岗位轮换提醒、证照借出归还提醒、业务审批提醒、员工试用期转正提醒、干部任职试用期到期提醒和劳动合同到期提醒等。

对于大数据分析预警，除了在前面核心人事场景中提到的离职预警外，还有人才发展预警、业绩预警等。例如，IBM 的管理者会收到根据每个员工的需求量身定制的提醒。如果某人在团队里待了很长时间，具备特定技能，而且做好了晋升准备，那么管理者就会收到有关这些数据的提醒。与此类似，当销售人员面临无法完成销售指标的风险时，管理者也会收到提醒，建议其尽早采取干预措施，让员工工作重回正轨。而且，此类提醒会推荐人力资源部门提出的建议，帮助管理者做出符合企业人才管理办法的决策。

（三）智能分析

智能分析技术的应用越来越广，有微表情分析、语言分析和大数据分析等。

微表情分析主要是根据人员的表情来分析其状态，此类分析在智能招聘中应用比较广泛，在人才招聘场景有过描述，此处不再赘述。

语言分析主要是根据员工发出的语音消息或者文本消息，通过自然语言处理技术来分析相关内容，此项技术可以帮助管理者和 HR 更好地关注员工状态。例如，员工在询问 HR 助理机器人工资发放问题时，如果使用的语言分别是"请问工资什么时候发放"和"怎么还不发工资"，智能语言分析技术就可以分析出员工是"积极"的状态还是"消极"的状态，是"正面"的情绪还是"负面"的情绪，进而提醒管理者和 HR 加强关注，做好解释工作。再如，IBM 的人工智能聊天分析技术还可以为特定管理者提供个性化建议，帮助其提高团队敬业度。如果某位员工因工作出色而获得表彰，IBM 智能聊天机器人会建议其直属上级与他人分享这一事件,同时征询该管理者,提出更多建议。IBM 发现,此类分享行动有助于提高员工敬业度。Engage at IBM 是一款具有学习能力的人工智能应用,当管理者提出有关建议后,该人工智能应用会据此做出优化和改进。随着人工智能应用的不断完善,管理人员在管理和激励团队成员的成效方面也会越来越出色。

谷歌人才官拉斯洛·博克指出:"谷歌的 HR 决策从来都不是来自哪个最佳实践,一定会来自内部数据的分析。"

HRBI 人力资源驾驶舱应该是近年来企业人力资源管理部门应用最多的智能分析场景。人力资源数据分析不是数据、表格的展示,而会将人与业务相结合,通过大数据分析,挖掘隐藏在数据背后的逻辑,为管理者和 HR 提供意见,是基于过去和现状洞察未来。例如,IBM 基于人工智能的技能推断可帮助企业寻找"组织中隐藏的瑰宝"。IBM 目前的技能推断技术准确率已介于 85%～95%。在过去,企业需要耗费数千小时完成员工的技能状况调查,而在使用数据分析技术后,员工可通过专业知识管理界面访问个人技能档案,并能持续更新信息,确保企业可以掌握更准确的实时技能预测。IBM 利用人工智能技能还可以推断技术的结果,监控与业务需求相关的技能，了解企业自身技能水平与竞争对手的比较结果。这样一来，IBM 就能够制定有针对性的干预措施，迅速缩小技能差距。再举个现实的例子，如果企业想寻找数字化人才，满足企业未来数字化转型的需要，那么可以通过维护员工技能档案的方式，再运用智能分析技术来实现。

我在这里所描述的各类人力资源科技场景，仅仅是人力资源科技发展中的一部分内容，并不全面。随着信息科技、数字技术的发展，相信将涌现出越来越多的人力资源科技场景，未来美好可期。

第五章　数字化 HR 的未来

BBC（英国广播公司）曾经基于剑桥大学研究者的数据体系分析了 365 种职业的未来"被淘汰概率"。其中，被人工智能取代概率最高的十大职业中，有两个职业与金融行业相关，一个是银行职员，被取代概率为 96.8%，原因是银行职员的"低效率"将被高效的自动化所取代。还有一个职业就是几乎所有企业都有的人力资源管理者，被取代概率为 89.7%，原因是机器人能完成很多需要 HR 完成的工作。

从逻辑上说，一切可量化、可衡量和可程序化的工作都会被人工智能所取代。从这个方面讲，BBC 的研究结果应该调整为：未来只会做事务性工作的银行职员或者 HR 将会被淘汰。

从近几年的发展情况来看，国内很多大中型商业银行的人员正在压缩，而被压缩的银行职员大部分就职于运营类岗位，因为银行越来越多的厅堂智能设备，以及功能越来越强大的网上银行和手机银行逐渐替代了部分银行职员的工作。再看看 HR，当平安集团的 HR-X 人力资源系统上线运行后，原来实体的共享服务中心都被拆掉了，因为很多人事事务实现了线上化办理和自助办理，实现了"空中共享服务中心"。

然而，算法管理并不能完全取代人的管理。对于 HR 来说，人力资源管理面向人，而人又是复杂多变的，是有情感的，管理的本质是通过激发人的潜能促使组织成长发展。然而，这一切并不能通过算法精准计算和管理。因此，如果 HR 不想被人工智能所取代，那么就要从日常的事务性工作中跳脱出来，面向人力资源数字化转型，成为数字化时代的 HR。

如何成为数字化时代的 HR 呢？关键有以下四点。

（1）不再以所有重复性、机械式的劳务工作为核心，而是尝试开创性的工作，要躬身入局，主动优化业务流程，或者研究开发出更好的工具替代低效的事务性工作。因为重复性、机械式的工作往往可以被一个软件、一套程序轻松完成，很容易被人工智能取代。

（2）提升数字化协作能力。首先要知道如何借助网络平台与他人协同办公。其次，要掌握数字化的办公工具的使用方法。在数字化时代，这样的技能会变得越来越重要。

（3）培养创新精神和批判式思维。不要仅仅停留在搜集和整理资料阶段，要学会反思工作中的问题，并尝试用新的办法去解决，不断提升个人创新能力。

（4）终身学习、终身成长。时代在快速发展，技术也在快速进步，学习没有止境，要通过持续学习不断提升专业水平和专业技能，更要有用数字技术来武装自己的思想。

在员工体验管理时代，传统事务型的 HR 岗位必然将退出历史舞台，同时未来也将有三个新的 HR 岗位会迎来发展机会，那就是员工体验 HR、数据分析 HR 和产品设计 HR。这三个 HR 岗位相互支撑，可以不断促进员工体验管理时代的企业人力资源管理水平提升。

未来，员工体验 HR 将寻找并发现员工日常工作中存在的痛点、难点，并交由数据分析 HR 去分析原因；数据分析 HR 通过大数据分析，洞察问题背后的真相，与员工体验 HR 一同研究并提出解决方案，再将方案交给产品设计 HR；产品设计 HR 按照解决方案去协调资源、优化业务流程，或者改进系统程序，并将办理情况告知员工体验 HR；员工体验 HR 再观察新的解决方案是否能够改善员工体验，并提出其他新问题。如此循环往复，这种"三位一体"的数字化 HR 运营模式必将不断提升员工体验。

一、员工体验 HR

员工体验 HR 这个岗位其实早在 2015 年就出现了。2015

年下半年,美国硅谷的共享经济新贵爱彼迎(Airbnb)设立了一个名为"员工体验全球负责人"(global head of employee experience)的新职位,负责推动"员工体验"的全面开展,以取代此前广为人知的"首席人才官"(chief human resource officer,CHRO)。员工体验HR的概念由此诞生。为此,爱彼迎成立了员工体验部,致力于为员工提供多元且友好的体验,让员工的工作变得更健康、更快乐。此外,顺丰速运在企业内部建立了根植于员工队伍的"员工体验官"机制;上汽大众在人力资源队伍的角色定位模型中增加了"员工赋能体验官"这一新角色;华为在人力资源部门中专门设立了"员工活力体验官"这种岗位,着力于身体力行地改善公司的工程师文化,其主要职责是探求华为研发人员真正的在职需求,提升工作满意度,并收集各类员工反馈信息,发现问题并推动解决问题(如加班、班车和食堂等),所面对的群体是华为某实验室的2.5万余名研发员工。

不仅仅是互联网公司、科技公司,传统行业也开始注重员工体验管理,这在某种程度上进一步证明了员工体验在未来将越来越重要。

员工体验的本质,其实就是企业文化的体现。例如,爱彼迎不仅关注员工关于环境或硬件方面的体验,更关注所有和员工体验相关的软、硬件配套设施。它们都遵循着一个共同的内在逻辑,那就是企业文化。

对 HR 来说,人力资源部门是展示企业文化的一个窗口。员工体验伴随着员工在企业的整个职业生涯,包括招聘、录用、入职、绩效、成长、激励和离职等各类关键时刻。HR 在员工体验方面能做的有很多,所谓"留人先留心",让员工从入职第一天起就产生愿意与企业一起成长的决心,到入职后持续的全情投入,并愿意与企业荣辱与共、共同成长,这才是人力资源的价值所在。

领英在《2020 人才趋势报告:改变人才吸引和保留的四大趋势》中指出:"企业正开始为员工服务,而不再只是单方向地接受员工的效劳。"为应对这一挑战,企业应将人力资源管理的重点由原来的人力资源管控思维转移到营造强大的员工体验上来,要更加关注员工的服务和赋能。

员工体验 HR 的出现,不仅是企业人力资源管理应对员工体验管理时代变化的举措,也反映了人力资源管理领域的思想和实践变革。随着企业越来越以员工为中心,"员工体验 HR"这一岗位或将成为 HR 未来新的代名词。

二、数据分析 HR

在数字经济时代,数据分析的应用领域越来越广泛,如市场营销、产品销售、财务管理、客户服务和人力资源等。

数据为人力资源决策提供了理论上的坚实依据,数据分析已然成为 HR 未来的发展趋势之一。在大数据背景下,企业的商业活动对大数据的依赖也日趋明显,HR 对数据的运用和理解能力成为其人力资源管理的核心竞争力。华为在招聘人力资源经理时,在其岗位设定的业务技能要求和专业知识要求的描述中,清晰地提出了"需要具备数据分析意识与能力,能够从繁杂的数据中挖掘出规律与根因"。

德勤将数据分析的能力进行了层级划分,由低到高分别为运营报告、详尽报告、高阶分析和预测分析四个层级,如图 5-1 所示。

运营报告层级仅仅是识别运营效率与合规性,响应业务需求,提供基础运营情况报告,关注数据的准确性、一致性和及时性。

图 5-1　德勤数据分析层级模型

详尽报告层级可以主动识别业务需求，提供可开展市场对标与辅助决策的详细运营报告，可提供多维度分析与运营看板。

高阶分析层级可以进行统计建模和根因分析，以辅助解决业务问题，还可以主动识别业务风险，并提出可行的解决方案建议。

预测分析层级是数据分析的最高境界，可以通过开发预测分析模型开展业务场景设计，并结合战略规划，开展风险分析并提出规避措施建议。

从德勤咨询师乔什·贝辛的 HR 分析成熟度统计情况看，目前有 56% 的企业还停留在运营报告层级，30% 的企业在详尽报告层级，10% 的企业可以做到高阶分析层级，而对于预测分析层级,能做到的企业占比仅为 4%。由此可见,HR 在数据分析方面的能力还需进一步提升。

数据分析的过程主要分为数据收集、数据清洗、数据分析和视觉呈现四个阶段。对于 HR 而言,最难的是第一个阶段,即数据收集阶段,HR 如何获得与数据分析相关的数据才是至关重要的一环。因为就算有再好的数据分析模型,如果没有基础数据,那么一切都将是"空中楼阁"。

有志于成为人力资源数据分析师的 HR,不仅要熟悉人力资源管理,还要懂业务,会使用数据分析工具,有较好的逻辑分析能力,并具备数据驱动决策的思维,如图 5-2 所示。

人力资源数据分析师

工作内容:
· 设计人力资源报表模板,持续优化报表模型和数据源,为业务发展和流程改善提供数据支持;
· 推动数据化运营,监控人力资源运营数据,预警人力资源运营异常;
· 分析人力资源运营短板,与各部门协作推动人力资源部运营效率提升;
· 审核数据报表逻辑及提取需求,定期汇总输出人力资源部 KPI 达成结果;
· 协助和参与部分流程优化项目,提升人力资源运营整体工作效率。

任职要求:
· 本科学历,三年以上数据分析相关工作经验;
· 具备人力资源数据分析工作经验优先考虑;
· 熟练使用 Alteryx 或 PowerBI 软件优先考虑;
· 精通 Excel 应用,包括图表制作、函数、数据透视表等功能运用;
· 对数据分析有强烈兴趣,具有良好的学习能力和强烈的进取心;
· 思维缜密,注意细节,有较好的逻辑分析能力;
· 具有良好的团队协调能力和推动力,具有团队合作精神,目标导向。

图 5-2 人力资源数据分析师岗位职责

三、产品设计 HR

什么是产品设计 HR？我们可以理解为人力资源部门的人力资源系统产品经理。因为人力资源数字化转型需要靠建设人力资源系统落地，而人力资源系统各个功能的产品设计必须依靠产品经理和开发人员来合作实现。

从实践来看，仅仅依靠 IT 出身的产品经理很难把人力资源系统的功能设计得很好，因为 IT 人员很有可能不太了解人力资源业务，无法将人力资源管理理念融入产品设计。此时，传统的 HR 就需要转型成为产品经理，参与人力资源系统的开发设计。平安集团的 HR-X 研发之时就组建了由五六百人的开发人员和上百名产品经理组成的团队，这些产品经理很多都由 HR 转型而来。

作为一名产品设计 HR，需要具备人力资源管理知识和业务知识，只有充分了解业务流程，才可以解决系统功能设计过程中遇到的问题。然而，一名好的产品设计 HR 还需要掌握一定的 IT 知识，要有科技思维，要了解系统开发设计的逻辑，可以与开发人员交流设计思路，同时还要具备一定的审美水平和交互设计水平，使人力资源系统的各项功能好看、易用和实用。

人力资源数字化转型的思考篇在这里划上句号，然而这仅仅是人力资源数字化转型的开始，如何把人力资源数字化转型真正落地，才是真正需要我们为之努力和奋斗的！

每一个成功者都有一个开始，勇于开始，才能找到成功的路！

实施篇

第六章　开启数字人力征途

人力资源数字化转型的落地，除了需要思维转型外，还需要利用数字化技术构建一个以人为核心的人力资源系统。因此，这里暂且不谈数字文化、数字人才等方面的建设，仅谈人力资源数字化转型如何实现技术落地。

如果将人力资源数字化转型看成一个项目，我们该如何去实施呢？我想首先应该从研究入手。

一、借助外脑还是依靠内力

一般来说，企业在实施一个大型项目时，可以采用两种方式进行研究：一种是借助外脑寻找市场上合适的咨询公司进行合作；另一种就是依靠内力，即在企业内找到合适的人来开展相关工作。这两种方式各有利弊，需要结合企业自身实际情况进行选择。

（一）咨询模式

目前，很多咨询公司都在研究人力资源数字化转型，如埃森哲、德勤、IBM、怡安翰威特、波士顿咨询和凯捷等。借助咨询公司开展调研，并协助企业做好人力资源数字化转型规划,其优点是可以快速了解企业所在行业的前沿信息,而且可以通过借鉴咨询公司成功案例的经验,运用其专业的方法论来帮助企业开展数字化转型。借助咨询公司的另一个好处是,咨询公司可以通过第三方视角看企业,其开展调研时更容易取得企业内部相关部门的配合,调研结果相对也更容易取得企业高层的信任与认可。

当然,借助咨询公司也存在几个不足之处。一是成本较高,一个咨询项目的费用往往上百万或者上千万;二是周期相对较长,咨询公司的选择在某些企业内部需要走一系列流程,前期通常会花费较长时间;三是咨询公司的调研结果可能存在偏差,因为咨询公司并不了解企业内部情况,短期的调研很难精准地给予企业相关解决方案,更多的还是需要依赖企业内部相关部门的配合。因此,企业最好去找那些有过数字化转型成功实施经验的咨询公司开展相关工作。

在借助咨询公司协助开展数字化转型实施方面,有企业成功的案例,也存在企业花了几千万费用后依然转型失败的情况。

(二)自研模式

相对于咨询模式,还有一种研究方式就是自研。我们在启动人力资源数字化转型时，采用的就是这种方式。自研模式的优点是企业内部人员对企业文化、人力资源管理现状和人力资源信息化程度等方面都比较清楚，结合企业自身实际情况去研究和制订项目规划也更加有针对性和可实施性。自研模式的不足之处是，企业内部人员需要花费相对较长的时间进行培训，学习有关人力资源数字化转型的知识和资讯，项目研究结果和项目规划可行性对企业内部人员的能力有较高的要求。

为了做好人力资源数字化转型工作，我一直在摸索中前行，主要从以下五个方面进行了相关研究准备，供大家参考。

（1）阅读相关书籍。当我们不清楚未来的方向时，就多读书。当我刚接到项目任务时，我对人力资源数字化转型的认识并不深刻，只能是把市场上与人力资源管理、人力资源大数据分析和数字化相关的书籍买回来进行学习。然而，市场上很少有介绍如何实施人力资源数字化转型的书籍，这也是我写这本书的原因。虽然市场上缺少关于人力资源数字化转型如何实施的书籍，但是人力资源管理、人力资源大数据分析和数字化技术等书籍也给予了我很多的启发。

（2）开展同业调研。学习同行就不会迷茫，同行就是最好的老师。我在项目开展之初,分别对几家同业开展了相关调研工作,通过和同业进行深入沟通交流,可以了解其人力资源数字化转型中的痛点、难点以及经验教训,从而降低了项目实施过程中走弯路的风险。

(3)开展人力资源科技厂商调研。人力资源科技厂商一般来说都是人力资源管理系统项目实施的乙方,为了争取合作机会,人力资源科技厂商通常会不遗余力地介绍其先进的系统功能和项目实施案例。企业通过对其系统产品的深入了解,可以进一步掌握自身存在的问题和差距,同时可以学习借鉴其系统亮点。

(4)开展互联网公司调研。在数字经济时代,互联网公司某种意义上就是高科技、方向和潮流的代名词。在数字化技术应用方面,互联网公司往往走在时代的最前列。传统企业要进行人力资源数字化转型,有必要了解当下头部互联网公司是如何做的,以便于将符合企业发展趋势的数字技术进行应用。

(5)参加人力资源数字化论坛和峰会。人力资源数字化转型几乎可以算作人力资源领域当下最热门的话题,市场上很多人力资源资讯公司、科技公司和服务公司都会举办人力资源数字化转型相关的论坛和峰会。例如，DHR公会、HRflag、HRTech经常会组织一些大型交流活动。它们都是非常好的平台，有助于企业人力资源管理者开阔眼界、拓宽视野、转变思维。

在实际工作中，我通过上述五个方面加深了对人力资源数字化转型的理解，并结合企业自身实际，研究制定了人力资源数字化整体蓝图和实施策略。

二、知己知彼才是决胜之道

人力资源数字化转型需要研究的内容很多，主要包括系统现状、同业情况、技术趋势、科技公司和实施团队等。

（一）系统现状

知彼知己，方能百战不殆。如果想做好人力资源数字化转型，那么就要摸清企业自身现状，即要详细了解目前企业人力资源信息化程度，对其人力资源管理信息化水平和系统建设情况进行摸底。因为人力资源信息化是数字化的基础，如果信息化基础不牢，或者基础薄弱，那么在推进人力资数字化转型时，我们就需要补齐信息化的短板，甚至需要对人力资源系统进行重构。

为了便于理解，我举一个例子。我们可以设想企业对人力资源管理的需求，再来对比系统现状。一是站在集团角度看，企业是否想建立企业级的人力资源管理系统，是否想把母公司、子公司都纳入管理，而目前企业的人力资源系统是否可以支撑组织架构的变革和调整？二是从人员管理范围看，企业是否想把所有与企业相关的人员都纳入管理，即是否想把正式员工、派遣员工和灵活用工等都纳入管理，而目前企业的人力资源系统是否可以满足员工分类管理的要求？三是从人力资源大数据分析的角度看，我们现有人力资源系统储存的信息数据是否能够支撑经营管理的需求，能否支持企业管理者进行辅助决策，人员信息数据是否存在缺失或者不足？四是人力资源系统现有的功能是否满足业务需要，是否以员工为中心，是否通过手机 App 实现"移动优先"？

通过对企业人力资源系统现状的分析，我们分别可以从管理者、员工和 HR 等角度找到企业目前存在的痛点和难点。然后再以问题为导向，寻找解决方案。

（二）同业情况

由于行业属性一致，人员类型和业务范围趋同，通过对同业人力资源系统建设情况的调研，可以相对容易地找到企业与同业之间的差距，未来人力资源系统建设的方向、路径和目标也更为清晰。

同业在人力资源系统建设中的成功经验，可以供我们在具体实施过程中进行参考和借鉴。同时，同业在推进人力资源数字化转型过程中解决问题的方法也非常重要，可以避免我们再次入坑。

（三）技术趋势

数字化技术的发展日新月异，人力资源数字化转型的特点就是要利用数字化技术。那么推进人力资源数字化转型的人员就要去学习、了解各类数字化技术的应用场景，以便在建设人力资源系统的过程中将这些技术予以灵活应用。其中，HRflag 发布的《全球人力资源科技趋势》报告让我很受启发，获益良多。还有前面提到的人力资源科技领域大师乔什·贝辛，他每年发布的《人力资源技术市场》报告是非常好的学习资料。

当然,还有很多人力资源科技厂商的公众号、网站,诸如 DHR 公会、HRTech、HRflag 等都是有助于很好地了解人力资源技术趋势的渠道。

(四)科技公司

企业无论想自研人力资源系统,还是想购买人力资源科技厂商的产品,抑或是想与科技公司共同开发人力资源系统,都需要对科技公司进行调研。

如果企业选择与科技公司进行合作,那么在所有调研内容中,对科技公司相关信息的调研就会相当重要。一是可以了解人力资源系统的建设费用,包括硬件配置、软件产品、软件开发、人员费用和运维成本等;二是可以了解各家人力资源科技厂商的产品功能及其优缺点;三是可以了解各家人力资源科技厂商的技术实力和研发水平。还有一点非常重要,那就是人力资源科技厂商愿意合作和投入资源的诚意。

我在推进人力资源数字化转型的过程中,调研了约几十家人力资源科技厂商,与各家人力资源科技公司进行了深入而广泛的交流,这为以后的人力资源系统建设奠定了良好的基础。

（五）实施团队

企业在推进人力资源数字化转型过程中，需要有自身的实施团队，而该实施团队的组成要结合企业的愿景、规划进行配置。例如，如果想缩短人力资源数字化转型时间，那么在建设人力资源系统时，必然需要投入较多的人员。如果企业想把人力资源系统产品化，类似平安集团的 HR-X，不仅要满足企业自身管理需要，同时要将人力资源系统推向市场，那么企业需要投入的人员将更多。

结合调研情况，企业在建设人力资源系统时，一般一个产品线（或人力资源管理模块）需要 5 人左右的 HR 团队去配合 IT 人员进行开发实施。IT 人员的数量一般是 HR 团队人员数量的 4～5 倍，也即 20 多人。当然，这个人员数量并不是绝对的，具体还要结合人力资源系统建设实际情况。例如，人力资源系统完全采用自研模式的公司中，阿里巴巴的人力资源系统 IT 开发人员常规配置约 80 人，而平安集团的人力资源系统 IT 开发人员将近 600 人。

三、获得高层支持十分关键

在调研、学习等工作结束后,我们还需要对研究情况进行总结,并向企业高层进行汇报,这一点很重要。

我们可以通过调研总结汇报,让企业高层更多地了解人力资源数字化转型的价值、企业现状、与同业的差距,以及企业未来的发展方向。同时,还可以结合调研情况,向企业高层争取推进人力资源系统建设所必需的人、财、物等资源,主要包括实施团队、研发费用和办公场地等。

我在推进人力资源数字化转型的过程中,通过调研总结汇报,获得了领导的高度重视和大力支持,在人力资源部门里专门增设了一个系统建设机构,并核定了一定的人员编制。同时,结合调研的实际情况申请了项目建设预算,以及按照"同层办公"的原则,在人力资源部门旁申请了一间单独的项目组办公场地,方便在项目实施过程中与人力资源部门相关人员进行密切沟通、交流。这一切都为人力资源系统项目的成功实施奠定了坚实的基础。

第七章 数字时代的规划设计

在数字化转型领域,我们近两年经常用到一个词,即VUCA(写卡),这个词前面也提到过。如果我们面对的未来是难以确定、极难预测的,那么我们还有必要做规划吗?或者说,我们的数字化战略规划用传统的方式能做好吗?用3年或者5年的时间做数字化战略规划有什么意义吗?

这里先说说传统的制定战略规划的方式。传统的企业战略规划一般会有总体规划,在总体规划之下会有一些子规划,子规划就是按照总体规划的要求,就某一项战略重点进行细化。如果数字化战略用传统方式去做,那么就会在总体规划之下设立人力资源子规划、数字化子规划和IT子规划。人力资源数字化转型规划应该在人力资源子规划、数字化子规划中均有体现,人力资源子规划和数字化子规划的相关内容也要全部在IT子规划中落地。按照正常的规划制定路线,总体规划需要几个月,子规划又需要几个月,这样累计下来可能半年的时间就过去了。

在数字经济时代,掌握新的数字化转型战略方法论至关重要。传统的规划方式无法预测未来几年会产生什么机会,会涌现什么技术,会有怎样的新商业模式。在数字经济时代,没有人可以做出3~5年的精准行动路线规划,即使是每年复盘迭代也是慢的。如果我们沿用传统的方法去研究数字化战略规划，那么将越做越不符合实际场景的需求。如果数字化战略规划没有经过实际案例验证、可行性研究或者最小可用产品测试，只是通过大量猜想得出的，那么这样的"战略规划"很难确保不偏离实际。

在这个乌卡时代，很多假设和机遇是无法说清的，因此建议数字化战略做得"轻"一些，不要做非常长的战略规划、数字规划和IT规划。如果动辄花费几个月或者半年的时间去做规划，那么这其实是非常"重"的战略。也许等我们刚把数字化战略做完，市场已经发生了很大的变化，原来的战略规划已经不再契合实际情况。所以，我们可以考虑按照战略规划制定愿景和动态的行动蓝图，结合变化情况及时做出调整并高速前进。

一、最佳单品应用时代来临

在当下，企业的战略规划如果只聚焦于业务发展、风险防控和业绩目标等方面，而不涉及企业IT架构的重塑，就不是数字时代的战略。数字经济时代需要把线下的业务搬到线上，或者采用线上线下融合的模式，这些都需要数据架构、技术架构等做支撑，如果只是将大量的线下业务转到线上，而不重构企业的 IT 架构，那么是无法搭建起未来的数字化企业的。

人力资源数字化转型的落地实施也是如此，需要我们重新审视原来的人力资源系统是否能够满足员工体验时代的需要，是否需要进行重构。而且在实施的过程中，每年甚至每半年就要进行战略回顾，看看是否需要调整战略规划和行动蓝图。

尽管未来无法预测，但我仍然觉得人力资源数字化转型的规划是必须有的一个环节，不然企业就没有发展方向和目标。在实际工作中，我们可以把人力资源数字化转型当作一个创新项目，研究其未来的发展蓝图和实施策略，但建议不要把发展蓝图做得过于细致和精准（实际上也很难做到），实施策略最好也只是方向性的，便于在未来实施过程中结合实际情况随时做调整。本章的项目规划仅仅指人力资源数字化的落地实施部分，即人力资源系统的建设规划。

在人力资源数字蓝图的设计中，主要包括上云方案、业务内容、开放平台、数字化技术应用及系统架构等几个方面。

（一）上云方案

云计算是数字化技术之一，之所以单独拿出来讲，是因为现在很多人力资源科技厂商都在讲"云"概念，在介绍人力资源系统时，经常会出现"组织人事云""干部云""薪云""招聘云"等。其实这些所谓的"云"仅是人力资源系统采用了云计算的服务而已，其核心还是人力资源的业务内容。

我们首先要了解一些云的概念。例如，我们经常听到的IaaS、PaaS 和 SaaS 其实就是云计算的三种服务模式。

IaaS：infrastructure as a service（基础设施即服务），指把IT 基础设施作为一种服务方式通过网络对外提供，并根据用户对资源的实际使用量或占用量进行计费的一种服务模式。在这种服务模型中，企业不用自己构建一个数据中心等硬件设施，而是通过租用的方式，利用 Internet 从 IaaS 服务提供商处获得计算机基础设施服务，包括服务器、存储和网络等服务。企业不需要管理或控制任何云计算基础设施，但能够部署和运行任意软件，例如，能自主选择操作系统、存储空间，部署应用程序，还有可能获得有限制的网络组件（如路由器、防火墙和负载均衡器等）。IaaS 是云服务的最底层，主要提供一些基础资源。由于这些基础资源成本投入高，一般企业从投入产出比上来说不划算，因此，大部分都是互联网企业或者比较大的科技公司在做。例如，华为打造的华为云、阿里巴巴构建的阿里云、腾讯旗下的腾讯云、百度的百度云和字节跳动的字节云等。

PaaS：platform as a service（平台即服务），这个平台所提供给用户的服务是把企业自行开发的或购买的应用程序部署到供应商的云计算基础设施上。企业不需要管理或控制底层的云基础设施，包括网络、服务器、操作系统和存储等，但企业能控制部署的应用程序，也可能控制运行应用程序的托管环境配置。PaaS 提供软件部署平台，抽掉了硬件和操作系统细节，可以无缝地扩展。开发人员只需要关注自己的业务逻辑，不需要关注底层。因此，这部分基本都是软件公司或者开发人员在进行建设。

SaaS：software as a service（软件即服务），这是随着互联网技术的发展和应用软件的成熟，在 21 世纪开始兴起的一种完全创新的软件应用模式。SaaS 软件提供商为企业搭建信息化所需要的所有网络基础设施及软件、硬件运作平台，并负责所有的前期实施、后期维护等一系列服务，企业的用户可以在各种设备上通过客户端界面访问，如手机 App、PC 浏览器等。企业无须购买软硬件，即可通过互联网使用 OA 系统、CRM（客户关系管理）系统、ERP 系统和人力资源系统等管理软件。软件的开发、管理和部署都交给供应商，企业不需要关心技术问题，可以拿来即用，如钉钉、飞书和企业微信等都是 SaaS 产品。这部分基本属于软件应用层面，主要面对企业和个人用户。

这里有必要再提一下私有云（private clouds）、公有云（public clouds）和混合云（hybrid clouds）三个概念。如果说 IaaS、PaaS 和 SaaS 是云的三层架构，那么私有云、公有云和混合云可以理解为按照云的控制权或归属权来划分的三种类型。

私有云是为一个客户单独使用而构建的，因而提供对数据、安全性和服务质量的最有效控制。企业拥有基础设施，并控制在此基础设施上部署应用程序的方式。私有云可部署在企业数据中心的防火墙内，也可以将它们部署在一个安全的主机托管场所，私有云的核心属性是专有资源。私有云可由企业自行构建，也可由云服务提供商进行构建和托管。在"托管式专用"模式中，像华为、阿里巴巴和腾讯这样的云服务提供商可以安装、配置和运营基础设施，以支持一个企业数据中心内的专用云。此模式赋予企业对于云资源使用情况的高度控制能力，同时也需要建立并运作该环境的专门知识。

公有云通常指第三方提供商为个人或企业提供的能够使用的云，公有云一般可通过互联网使用，通常是免费或成本低廉的，公有云的核心属性是共享资源服务。个人或企业可以通过普通的互联网获取云计算服务，公有云中的服务提供商负责对接入的个人或企业进行认证，判断权限和服务条件等，通过"审查"的个人和企业，就可以进入公有云平台并获取相应的服务。例如，前面提到的华为云、阿里云和腾讯云等也都有公有云的服务。

混合云融合了公有云和私有云，是近年来云服务的主要模式和发展方向。私有云主要面向企业用户，出于安全考虑，企业更愿意将数据存放在私有云中，但是同时又希望可以获得公有云的计算资源，在这种情况下混合云的运用越来越广泛，它将公有云和私有云进行混合和匹配，以获得最佳的使用效果。这种个性化的解决方案，达到了既省钱又安全的目的。

简单来说，在数字经济时代，企业数字化转型需要"上云、用数、赋智",一般的企业从成本考虑,没必要自行构建云基础设施,可以采用华为、阿里巴巴和腾讯等公司提供的云服务。如果考虑到隐私数据和保密要求,企业的系统可以采用私有云部署,而对于不敏感的系统,可以采用成本相对较低的公有云部署。

弄清楚这些基本概念,是为了我们能更好地结合实际去设计人力资源数字化蓝图。企业在设计人力资源数字化蓝图时,应该从人力资源管理本源的角度出发,结合企业实际情况,研究哪些人力资源业务可以本地部署,哪些业务需要上"云"。在上"云"的人力资源业务中,哪些需要用私有云,哪些可以用公有云。

我个人建议凡是与人力资源核心数据相关的,需要加强保密管理的,均采用本地部署或私有云部署,与人力资源核心数据关系不大的,可采用公有云部署或采购相关服务即可。例如,企业的核心人事、薪酬福利、绩效管理和数据分析等建议采用私有云部署,而招聘系统更多情况下涉及企业外部人员,可以考虑采用公有云部署或者直接购买SaaS产品服务。这其实就是一个典型的混合云模式。

（二）业务内容

人力资源数字化蓝图的核心部分就是业务内容，如图 7-1 所示。近几年，随着人力资源管理理念的进步和发展，很多人都提出人力资源管理六大模块已经"过时"的说法。其实，人力资源管理的六大模块基本上已经覆盖了人力资源管理的全部业务内容，现在提出的一些新兴的管理理念都可以归入其中，很多理念都在营造一些概念，比如，"健康管理"完全可以看作总体回报的一部分，纳入薪酬福利模块去统筹管理。六大模块是否"过时"，完全与 HR 对人力资源管理的理解程度相关，我们没必要追求过多的概念，而是应该从人力资源管理的本质出发。

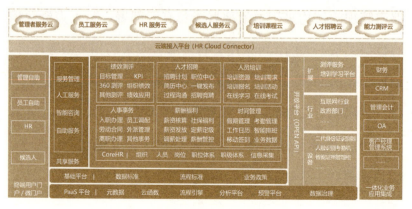

图 7-1　人力资源数字化蓝图示例

因此，我认为在明确人力资源业务内容时，依然可以按照核心人事、人才招聘、人员培训、薪酬福利、绩效管理、员工服务和数据分析等方面去规划。每个模块的具体内容再结合企业实际情况去完善。

对于每个模块的具体内容，企业首先要想清楚需要什么。这个问题看起来简单，但是在实际工作中能清楚回答出来的企业并不多。我与一些企业的人力资源管理人员进行交流时，发现很多企业的人力资源部门都不清楚自己需要什么，或者只能从人力资源管理的某一点或者某一方面提出一些问题。因此，企业的人力资源管理部门需要认真思考"业务需求是什么"这一问题，然后再把这些业务需求放到对应的系统蓝图设计模块中去。

（三）开放平台

这里之所以要提开放平台的概念，是因为在数字经济时代，人力资源管理如果想发挥工作效率提高、员工体验提升、数据分析辅助决策等方面的巨大作用，那么必须将人力资源系统与企业内部各经营系统、管理系统打通，甚至还要关联一些企业外部的软、硬件系统。因此，未来的人力资源系统更像一个企业的开放平台，主要涉及系统扩展、行业应用和硬件设备等方面的系统对接。

在系统扩展方面，还分为人力资源系统扩展和业务经营系统扩展。人力资源系统扩展是指企业的人力资源系统部分模块直接采用外部机构的系统，同时与企业的人力资源系统进行对接，以作为企业人力资源系统的补充。例如，移动培训平台可以和平安知鸟对接，招聘模块可以与大易的招聘系统对接，测评模块可以与北森的测评系统对接，等等。业务经营系统扩展是指企业的人力资源系统与经营系统和其他管理系统对接。例如，与核心业务系统对接，便于连接人与业务的数据；与财务系统对接，便于实现完整的业务流程，提高工作效率。举一个例子，员工在人力资源系统提出"公出申请"后，如果与财务系统和商旅平台对接，那么就可以直接获得差旅审批结果和费用额度，并实现交通费、住宿费的后台结算，同时出差时间与考勤相关联，确保其薪酬发放的准确。对于企业管理者而言，打破了"部门墙"的限制，审批手续大为简化，不必针对请假出差、费用申请和报销等事项逐一审批，提高了各级员工体验和工作效率。

在行业应用方面，可以与政府部门、互联网等行业的一些应用系统对接，以进一步完善人力资源系统的功能和作用。例如，与出入境管理局系统对接，可以获取员工出入境情况；与国税局金税三期对接，可以获取个人所得税情况；与互联网保险平台、福利商城对接，可以增强员工的弹性福利体验；等等。

在硬件设备方面，更多是指与一些专用设备的对接，可以起到降低人工成本、提高工作效率、提升员工体验和防范业务风险的作用。例如，员工在办理入职时可以使用的二代身份证识别设备，带有人脸识别功能的考勤机，以及可以读取护照芯片、自助存取的智能证照管理柜等。这里需要注意的是，一些具备通用属性的人力资源硬件设备在未来将会逐步被淘汰，如各类证明自助打印机等，企业将不再需要购买此类硬件设备。因为随着人力资源数字化的发展，将涌现出很多数字化技术的应用场景，如电子合同、电子证明等，很多人事事务性工作都将实现线上化、电子化，届时任何一台打印机都可以打印你要的东西。

（四）数字化技术应用

在进行人力资源数字化蓝图设计时，还有一个方面需要重点考虑，那就是数字化技术的应用。这些数字化技术的应用需要我们建立人力资源场景思维，再把适合的人工智能、区块链、云、大数据和物联网等数字化技术应用到系统中。以某公司的人工智能技术应用为例，如图7-2所示。它是按照员工体验的场景，将RPA、ChatBot等技术应用其中。

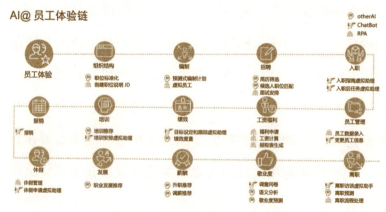

图7-2 人工智能技术应用场景

在蓝图设计阶段，数字化技术的规划可以按应用场景简单罗列，当进入项目实施的需求阶段时再结合市场技术的变化和发展进行调整。

（五）系统架构

在蓝图设计阶段还有一个非常重要的内容，就是系统的架构设计。这里的架构设计不是指数据层、应用层和显示层，而是指人力资源系统各个模块之间的架构设计。

在人力资源信息化阶段，当时的人力资源系统面向的用户仅仅是 HR，人力资源系统各个模块的使用对象基本上都是 HR 和部分管理人员，不存在数字技术的应用，也没有涉及员工体验方面的内容，因此人力资源系统的构成相对简单。当时的人力资源科技厂商有能力构建一个包含核心人事、薪酬管理、培训管理和绩效管理等全模块的人力资源系统。

然而，从现在的人力资源系统发展情况看，越来越多的人力资源科技厂商开始向专业领域发展。也就是说，很多人力资源科技厂商不再做全模块的人力资源系统，而只是做人力资源系统中的某一个模块，如招聘系统、薪酬系统、福利平台、培训系统和人力资源外包系统，甚至在招聘板块，还细分出招聘管理、招聘平台、招聘服务、背景调查、测评考试和猎头服务等细分领域。

当进入人力资源数字化阶段后，做人力资源系统全模块的人力资源科技厂商也不是没有，但是从我调研的实际情况和发展趋势来看，能把人力资源系统全模块做好的人力资源科技厂商太少了。因为现在人力资源系统每个模块的数字化发展太快，现有人力资源科技厂商的研发能力也有限，不可能把每个模块都做深、做透,更不可能做到每个模块都及时跟上数字化的发展趋势。这里面需要投入大量的资源,而国内的人力资源科技厂商很少具备这种实力和能力。因此,现实中就出现了很多只针对某一个人力资源领域的专业化人力资源科技厂商。这一点,我们可以从HRTech官网上每月发布的《中国人力资源科技云图》得到验证。

因此,我们在推进人力资源数字化转型时,要改变传统建设人力资源系统的思路,可以考虑不再寻求通过一家人力资源科技厂商来解决企业人力资源系统全模块的需求,而是找到各个领域中做得最好的公司,通过整合的方式构建全新的数字化人力资源系统。我把这种系统构建方式定义为"松耦合的最佳单品应用模式"。这种模式的好处是,企业可以得到人力资源系统各模块最好的产品应用,而且不再被某一家人力资源科技厂商绑定。当某一个模块的产品应用不足以支撑企业需求和发展时,企业完全可以找到人力资源科技市场上的另一个最佳单品应用来替换,而不用替换整个人力资源系统。当然,这种系统构建模式也有一定难度,就是要实现人力资源系统各个模块的有机融合,确保数据交互准确、及时、安全和完整。

此外，乔什·贝辛在 2020 年发布的《人力资源技术市场》报告中，对于人力资源技术的新架构也专门进行了提示，即"切莫从一个供应商那里购买所有东西"。我个人对这份报告中关于人力资源技术新架构的理解是：其应该与人力资源科技趋势发展相关。

二、瀑布式开发与敏捷开发

从人力资源数字化蓝图可以看出，现在的人力资源系统建设相当复杂，内容多、应用广、技术新、难度大，如果要在短期内全部实施完成，那么就需要投入大量的人力和财力，同时还要保证现有人力资源工作的正常运转。因此，在推进人力资源数字化转型时，我们除了要做好人力资源数字化蓝图，还要研究实施策略。

（一）实施原则

在实施人力资源系统项目时，建议按照重要性优先、紧迫性优先和高性价比优先的原则开展。

之前和一些人力资源同人交流，很多人经常问我该如何实施人力资源系统建设。我一般会先反问"你想通过建设系统得到什么",得到的回答往往是"领导想看人力资源大数据分析"。从这里可以看出,人力资源大数据分析是领导的需求,很重要也很紧迫,但是不是系统建设真正的"重要"和"紧迫"事项呢?这点值得商榷。

其实,人力资源大数据分析也好,智能分析决策也好,都是人力资源数字化转型需要实现的某个目标,同时也是人力资源系统建设的目标之一。但这些目标的实现都依赖于人力资源的数据基础,如果没有数据基础,那么想实现人力资源大数据分析,无异于建造"空中楼阁",可望而不可即。因此,对于人力资源系统建设来说,最重要和最紧迫的是完善人力资源核心人事数据,即组织架构、岗位和人员的各类信息数据。人力资源数字化的前提和基础一定是人力资源信息化,即与人员相关的各类信息要准确、及时和完整。

高性价比原则是指实施人力资源系统建设时,应该本着效益最大化的原则分步进行。人力资源数字化转型的特点就是"以员工为中心,提升员工体验",而员工服务涉及全体员工,可以使全员受益,性价比可以说在人力资源系统建设中是最高的,因此可以考虑优先实施。对于招聘、培训、薪酬和绩效等模块的实施，要结合企业的实际情况和需求确定优先级。例如，在企业快速发展阶段，需要招聘大量人员，那么招聘系统就非常重要，可以优先实施，而如果企业处于成熟期且人员相对稳定，近期没有招人计划，那么招聘系统的实施顺序就可以往后排，甚至可以暂时不做。当然，对于"不差钱、不差人"的企业来说，各模块同时实施当然也可以。

（二）实施要点

从人力资源系统建设的业务内容来看，最重要的部分不是那些看起来很炫的功能，如 AI 面试、微表情分析等，而是核心人事，因为核心人事是人力资源数字化转型过程中系统建设的基础。

在建设人力资源系统时，首先一定要"强基础、补短板"。"强基础"就是结合企业人力资源管理的需求优化或重构核心人事；"补短板"就是进一步完善组织人事数据，并开展人力资源数据治理，建立人力资源管理的数据标准和流程标准。这里需要注意的是，制度和标准不是一回事。企业也许有人力资源管理制度，但不见得有人力资源数据标准，也不见得有人力资源业务的流程标准。

其次，在建设人力资源系统时还需要考虑"用户体验"，即从员工痛点、业务痛点和管理痛点出发，结合人力资源管理最佳实践和企业实际情况，认真研究技术实现可行性。

（三）实施方式

近几年，在各类系统和应用软件开发中，我们听到比较高频的词大多都是"敏捷开发""最小可用""快速迭代"等，而与敏捷开发对应的传统开发模式，称为"瀑布式开发"。

按照百度百科的解释，"瀑布式开发"是一种老旧的、正在过时的计算机软件开发方法。最开始的软件行业普遍采用这种方法，但这种方法套用自传统工业生产，不适应计算机软件开发的具体情况。"瀑布式"是最典型的预见性方法，严格遵循预先计划的需求、分析、设计、编码和测试的步骤顺序进行。步骤成果作为衡量进度的方法，如需求规格、设计文档、测试计划和代码审阅等。"瀑布式"的主要问题是它的严格分级导致自由度降低，往往由于项目前期需求预计不足，导致后期对需求的变化难以调整，代价高昂。"瀑布式开发"在需求不明且在项目进行过程中可能发生变化的情况下基本是不可行的。有数据统计，"瀑布式"是造成70%

软件开发失败的原因。

"敏捷开发"是以用户的需求进化为核心，采用迭代、循序渐进的方法进行软件开发。在"敏捷开发"中，软件项目在构建初期被切分成多个子项目，各个子项目的成果都经过测试，具备可视、可集成和可运行使用的特征。换言之，就是把一个大项目分为多个相互联系但也可独立运行的小项目，并分别完成，在此过程中软件一直处于可使用状态。

对比"瀑布式开发"和"敏捷开发"这两种软件开发模式，关键区别在于需求扩展便捷度和软件开发效率上。那么，"瀑布式开发"是不是真的过时了呢？是不是全部开发都需要用"敏捷开发"呢？

"瀑布式开发"对需求提出的要求是很高的，这需要用户对真实需求进行充分挖掘，并认真分析评估，从而形成开发目标；"敏捷开发"的特点是需求不太明确，通过建立原型、快速评估、快速试错、快速迭代的方式进行开发。

我们其实没有必要完全否定"瀑布式开发"，而是可以结合实际情况，采用"瀑布式开发+敏捷开发"模式。

对于数字化人力资源系统来说，这是一个庞大的项目，如果还是仅仅采用传统的"瀑布式开发"模式，把所有的需求全部想清楚后再实施，那就是"不可能完成的任务"。因为数字化技术更新变化的速度越来越快，当我们刚把需求明确后，也许新的技术已经替代了原来的工作方式，原来的需求已经不再适用。如果全部采用"敏捷开发"模式，其实也不切实际，因为人力资源的业务内容和要求大都需要先进行明确，如果在需求不太明确的情况下开始实施工作，那么人力资源系统的开发将无从下手。

因此，在项目实施过程中，可以先把整个项目的蓝图设计完成，明确人力资源系统项目的发展方向，再把整个项目按照"敏捷开发"的模式切分成若干个小项目，然后根据企业投入的资源情况，结合实施原则，分步实施或同时实施各个小项目。在各个小项目实施之前，需要先将该小项目的功能需求至少明确80%以上，而每个功能的详细需求至少明确70%以上。在具体开发实施过程中，还需要结合"敏捷开发"的特点——"最小可用，快速迭代"来开展。只有整个人力资源系统项目的目标比较清晰时，才能更好地具体实施操作和应对快速变化的情况。

对于企业已有且比较成熟的人力资源系统，如果只是想增加某个功能或者某个小产品,那么完全可以采用"敏捷开发"模式实施。

综上所述,企业在开发实施数字化人力资源系统时,不用纠结采用"瀑布式开发"还是"敏捷开发",而应该结合自身的实际情况来采用合理、合适的开发实施方式。

第八章　你确认知道需求吗

人力资源系统项目建设得好坏与需求质量紧密相关，可以说，没有好的需求就没有好的系统。

我们在实际工作中会用到很多系统，但经常听到有人说这个系统这儿不好用，那儿也不好用。分析其原因，抛开由于业务机制变化，系统没有及时升级更新，导致系统不符合实际需求的原因，很大程度上还因为当时开发系统时，没有把实际工作中的业务需求研究到位，产出的需求质量不高，以至于系统开发完成后不能完全满足使用人员的真实需要。

再进一步分析需求质量为何不高。通过对一些项目的调查了解，我发现问题的根源主要在于业务需求部门对需求的重视程度不够、投入资源不足。业务需求部门经常把需求提炼的希望寄托于开发实施人员，有些项目的需求说明书有可能都是乙方帮着写出来的。在项目实施的过程中，业务需求部门中的业务骨干由于忙于日常工作，在系统需求调研阶段没有投入足够的精力，甚至实际参与系统项目实施中的业务人员往往都是部门里的新员工或者普通员工，这样做出来的项目质量和系统易用性可想而知。

除此之外，还有一个导致需求质量不高的原因，那就是业务人员大多不懂信息科技，只能说出业务需求和功能需求，但非功能性需求（如单点登录、接口开发、数据移植、性能需求、安全需求、软硬件环境需求和网络需求等内容）往往无法着手。这些内容其实都需要企业内部的 IT 人员去协助开展。

一、第一性原理思维的运用

需求是系统开发实施的基础。有些企业在研发系统时，需求还没有想清楚就急着开始推进开发实施，这样做往往导致在系统开发过程中经常发生需求变更的情况，结果不仅增加了工作量，还延误了整个开发实施的周期。

当然，我们也不可能把所有需求在实施前就想得无比完善和准确，只是建议在项目实施前尽可能地多研究、多考虑，想得细一些。另外，在变更需求时一定要慎重，要认真考虑变更后的需求是否足够完善和准确，要做好需求变更控制工作，不要在项目开发实施期间频繁变更。

"磨刀不误砍柴工"，在项目开发实施之初，企业确实需要下功夫研究需求，哪怕多用一点时间也是值得的。

（一）鼓励全员参与

我们都知道风靡国内的小米手机，而小米手机成功的主要原因其实就是不断挖掘用户需求和提升用户体验，在产品设计上发动"全员参与"。小米联合创始人黎万强是《参与感：小米口碑营销内部手册》这本书的作者，他在书中介绍，当小米开发产品时，数十万消费者热情地出谋划策；当小米新品上线时，几分钟内，数百万消费者涌入网站参与抢购，数亿销售额瞬间完成；当小米要推广产品时，上千万消费者兴奋地奔走相告；当小米产品售出后，几千万消费者又积极地参与到产品的口碑传播和每周更新完善之中。通过互联网，消费者扮演着小米的产品经理、测试工程师、口碑推荐人和梦想赞助商等各种角色，他们热情饱满地参与一个品牌发展的各个细节。

人力资源数字化的特点就是"以员工为中心"，那么建设数字化的人力资源系统，当然也应该围绕员工需求和员工体验来设计。HR一般只会站在HR的视角考虑需求，并不见得了解员工的真正需求，因此在需求挖掘阶段，其实也可以参考小米产品设计的模式，鼓励"全员参与"，这里的"全员"

包含高层管理人员、中层管理人员、员工和 HR 等各类员工，然后再将他们的需求进行总结、归纳和提炼，最终形成数字化人力资源系统的需求。

需要注意的是，"全员参与"的需求内容主要是指与员工体验和管理赋能相关的内容。人力资源管理的专业需求，如员工的"入、离、调、转"，以及"选、用、育、留"等方面的专业管理需求，还是应以 HR 为主、其他人员为辅。

（二）找准业务痛点

人力资源系统的作用是通过采用信息科技的手段来解决人力资源管理中的痛点和难点，从而提高人力资源管理工作质效。因此，除了充分了解员工需求外，人力资源管理中的业务痛点也是需要我们去挖掘的。

以签订员工劳动合同为例，传统的劳动合同都是纸质合同，这里面有如下几个痛点。一是成本高。一般来说，劳动合同至少一式两份，而且劳动合同到期后可能还需要续签和做内容变更，如果企业人员较多，那么存在较高的印刷成本、打印成本和纸张成本，以及劳动合同实物保管成本等。二是效率低。纸质劳动合同签订时间较长，需要另外开展合同签订、用印审批等一系列操作，且后期不便查询和翻阅。三是风险大。若劳动合同保管不当出现缺失和损毁，或者纸质劳动合同在快到期时未能及时进行后续处理，企业将会因此存在法律风险隐患。

针对劳动合同这些业务痛点，我们可以在建设人力资源系统时考虑通过采用电子合同的方式来解决。劳动合同的案例是针对 HR 的业务痛点来分析，我们当然也可以充分挖掘各级管理人员的业务痛点。

（三）改变思维惯性

有个词叫路径依赖（path dependence），它的特定含义是指人类社会中的技术演进或制度变迁均有类似于物理学中的惯性，即一旦进入某一路径（无论是"好"还是"坏"）就可能对这种路径产生依赖。

曾经有一个很著名的试验：有人将 5 只猴子放在一只笼子里，并在笼子中间吊了一串香蕉，只要有猴子伸手去拿香蕉，就用高压水教训所有的猴子，直到没有一只猴子再敢动手。然后，用一只新猴子替换笼子里的一只猴子，新来的猴子不知这里的"规矩"，竟又伸出上肢去拿香蕉，结果触怒了原来笼子里的4只猴子,于是它们代替人执行惩罚任务——把新来的猴子暴打一顿,直到它服从这里的"规矩"为止。试验人员如此不断地将最初经历过高压水惩戒的猴子换出来,最后笼子里的猴子全是新的,但没有一只猴子再敢去碰香蕉。起初,猴子怕受到"株连",不允许其他猴子去碰香蕉,这是合理的。但后来人和高压水都不再介入,而新来的猴子却固守着"不许拿香蕉"的制度不变,这就是路径依赖的自我强化效应。

人力资源数字化转型最重要的是思维的转型,我们要改变思维惯性,不能陷于"路径依赖",要挖掘出真实的需求,研究创新的解决方案,而不是按照"以前都是这么干的"的方法去解决问题。

还有一个词叫"第一性原理",亚里士多德是第一性原理的首创者,他说"任何一个系统都有自己的第一性原理,这是一个根基性的命题或假设,它不能被缺省,也不能被违反"。埃隆·马斯克就是坚定的第一性原理主义者,"第一性原理"这个词随着马斯克近年来在创新领域不断取得成功而冲上了热搜[①]。马斯克特别推崇物理学,他认为物理能帮他发现一些

[①] 热搜指网站从搜索引擎带来最多流量的几个或者几十个关键词。此处指一段时间内的各界大事与流行话题。

新东西:"第一性原理的思考方式是从物理学的角度看世界的方式,也就是一层层剥开事物的表象,看到其中的本质,然后再从本质一层层往上走。"

企业在推进人力资源数字化转型时,特别是在研究项目需求时,也要充分运用第一性原理的思维,看清人力资源运营模式的变化和员工体验的本质,以员工为中心,结合企业的实际情况,提出既有创新思想又切实可行的需求。

二、以终为始开展需求分析

需求挖掘和需求分析是不同的。需求挖掘的侧重点是找出人员和业务的功能需求,而需求分析是对这些需求采用何种方式来解决进行分析,也可以理解为寻求合适的解决方案。需求分析主要考虑诸如业务功能分析、成本效益分析和员工体验分析等方面。

(一)业务功能分析

现在很多人力资源科技厂商都有人力资源系统的标准产品,不论是人力资源管理全模块,还是仅仅专注于某一个人力资源管理业务领域。虽然是标准产品,但是我们依然需要结合企业的实际情况和业务需求去具体实施。

业务功能分析首先是功能点的需求分析,继而是实现方式的需求分析。例如考勤管理,首先明确企业是否需要进行考勤管理(阿里巴巴虽然做出了钉钉,但是阿里巴巴是不打考勤的),如果企业需要考勤管理,那么我们再结合企业的实际情况研究采用哪种方式去实现。是采用GPS定位、蓝牙设备、指纹考勤机,还是人脸识别考勤机?如果我们希望严格考勤管理制度,同时需要改善员工体验,那么按照这个需求,我们可以采用人脸识别考勤机;如果企业的工作环境特殊,网络信号不佳,同时需要实现精准打卡,比如,地铁工作人员上下班的考勤管理,我们可以考虑部署蓝牙设备;如果企业想掌握员工的外勤动态,我们可以考虑采用GPS定位打卡的方式。

(二)成本效益分析

成本效益分析不仅适用于实施策略,同样也适用于需求分析。企业在建设人力资源系统时,同样需要考虑成本效益,尽量以最小的成本获得最大的收益。

以上面的考勤管理为例,企业采用 GPS 定位、蓝牙设备、指纹考勤机,还是人脸识别考勤机,需要考虑成本效益,因为每种方式所需要投入的成本是不一样的。采用 GPS 定位进行考勤管理时,因为人人都有手机,使用手机的 GPS 定位打卡就可以轻松实现考勤管理,而且企业不需要投入额外的建设成本。当企业采用蓝牙设备、指纹考勤机和人脸识别考勤机时,除了考虑购买相应的硬件设备,还需要考虑有线网络和无线网络的部署成本,甚至还需要考虑办公楼闸机改造等情况。因此我们在做需求分析时,要结合企业的实际需求和成本效益来统筹考虑,选择出最优的解决方案。

(三)员工体验分析

一个系统是否好用、易用,能让员工爱用,员工的使用体验非常重要。人力资源数字化是以员工为中心的,因此企业在做需求分析时,要充分考虑员工体验。

仍然以考勤管理为例。如果从员工体验角度来看,那么人脸识别的考勤体验当然是最好的,钉钉曾在 2019 年发布了 M2S 智能无人前台设备,该设备可以在 0.3s 内完成多人快速识别,还可以与门禁联动,实现刷脸通行。从该设备的性能看,完全可以达到"无感考勤",也就是说,员工可以在上、下班时不再需要关注是否打卡了，路过该设备时就可以完成考勤记录。其次，相较于蓝牙设备和指纹考勤机，手机 GPS 定位打卡不需要去指定打卡地点，不需要员工排队打卡，也没有员工指纹清晰的要求，因此，采用手机 GPS 定位打卡的员工体验仅次于人脸识别。

从上面的案例可以看出，我们在进行需求挖掘之后，通过业务功能分析、成本效益分析和员工体验分析，已经基本可以确定企业真正的功能需求和需求的实现方式了。

三、需要落在纸面上的需求

经过了需求挖掘和需求分析，在进入项目具体实施前，我们还需要对需求进行整理，也就是对需求进行归纳、汇总，并完成需求说明书的撰写。

需求说明书主要包括系统需求概述、业务功能描述和非功能性需求等方面。

（一）系统需求概述

系统需求概述主要包括业务背景、业务目标、业务规范与标准、术语及定义、假设与约束等内容。

业务背景主要用来描述企业目前的业务现状、存在的问题,如果是新业务,描述业务的驱动原因;如果是现有业务,描述业务完善或改进的原因。

业务目标主要用来描述项目需求目标和主要业务功能,如果是建设新系统或对当前系统进行业务流程改造,那么需要分析业务变革思路,包括角色、职责与流程的变更以及影响范围。

业务规范与标准主要用来描述需求遵循的信息技术标准,包括国家标准、行业标准和企业标准,以及项目相关的各项制度规范,等等。

术语及定义主要用来说明与业务需求相关的术语、缩写词和释义。

假设与约束主要用来提出完成项目需求所需要的前提要求与约束条件,如业务必须符合的法律法规、监管要求,如需求项目在立项、商务完成的前提下,对需求开发时间的要求;测试结果符合目标要求的前提下,对需求项目投产、推广的时间要求等。

（二）业务功能描述

业务功能描述主要包括业务操作流程、业务处理和详细功能描述、业务管理办法、报表需求等。

业务操作流程主要用来描述业务的每一步操作环节，可以选择文字说明或流程图的方式，也可以采用文字说明加流程图的方式。在实际工作中，建议采用 Visio 工具绘制流程图，便于开发人员比较清晰地了解业务操作流程，提高开发质量和效率。

业务处理和详细功能描述主要包括业务功能和业务规则、用户操作界面要求等内容。其中，业务功能和业务规则主要是关于业务的详细功能描述、业务规则、适用范围、输入输出内容、风险控制要求和监管要求等，具体内容可以结合企业实际情况进行撰写。

业务管理办法主要用来描述该业务所依据的制度，可以列明相应的制度名称和文号等，便于在后期开发时进行查阅。对有特殊要求的，可以直接引用制度原文。

报表需求主要用来描述报表的种类、格式、要素说明、数据来源、条件、约束和补充内容等。统计表的说明应该包括表的主要内容、统计频度、时间段、查询主体和结果展现形式等。这里需要注意的是，如果数据项与已发布的数据标准同名不同义，那么应修改数据项名称以示区分；如果数据项与该数据标准同名不同义且名称无法变更，那么应特别注明差异点和无法变更的原因。同时，报表的数据项要引起高度重视，每个数据项的定义要准确、清晰，建议与开发人员进行仔细的沟通、确认，避免因为沟通不到位而出现报表数据错误的情况。

（三）非功能性需求

非功能性需求是指除业务功能之外的需求，主要包括用户反馈需求、业务运行维护需求、业务量说明、用户数量说明、系统服务时限要求、业务数据处理需求和安全性需求等。

用户反馈需求主要用来给最终用户提供一个问题和建议的反馈渠道，便于进一步优化和改进系统。

业务运行维护需求主要用来描述项目上线后对业务系统或业务功能的管理性要求。从系统运行和维护的角度提出对系统的界面操作和功能要求，系统的功能实现是通过技术人员后台配置的方式，或通过前台设置菜单的方式，以便维护人员从前台进行维护。

业务量说明主要用来描述本需求中所包含的主要业务活动的操作数量统计和支持同时并发的最大交易数，需要结合企业发展考虑业务的增长情况，要留有一定的余量，同时还需要考虑峰值点的增长情况。例如，考勤打卡可能是人力资源系统中操作数量最多的，在上班时间点并发的量也是最大的。未来几年，随着人员的增长，这个业务量也将相应地增长。这些数据是为了确保系统的性能需求。

用户数量说明主要用来描述用户类型和预期数量的估算。

系统服务时限要求主要用来描述业务系统或各项功能必须正常运行的时间段、交易处理的时间段、批量处理的时间段等。

业务数据处理需求主要用来描述从人力资源系统中可获取数据的情况，系统中的数据保存周期，临时数据表进行清理的时间要求，以及数据完备性、一致性的数据质量检查工具等。

安全性需求主要用来描述灾备需求、互联网恶意攻击防范需求、权限配置工具、黑白名单控制工具、安全访问权限、系统健壮性需求和敏感信息加密等。

上述这些需求的内容可以结合企业的实际情况进行优化和调整。但有一点需要注意，"敏捷开发"并不等于无需求说明书，"最小可用产品"也需要需求清晰。作为需求的提出方，需求在前期越明确，后期的开发就越顺畅，效率也越高。能力比较强的业务需求部门甚至还会使用墨刀、Axure等产品原型设计工具，提供更为直观的产品需求。

此外，项目需求完成后，还需要开展需求评审和技术评审，这些工作可以由企业的信息科技部门进行，主要用来防范项目需求重叠和技术架构不支持等方面的风险。

第九章　适合自己的才是最好的

从企业实施的角度看,人力资源系统的实施模式主要包括租户、自研和共创三种模式。

此外,还有一种外购的模式,类似于购买Office办公软件,企业购买了就直接使用的形式。由于人力资源系统相对于办公软件来说更为复杂,企业购买现成的人力资源系统产品直接使用的情况比较少,基本都需要结合企业自身需求,要人力资源科技厂商进行一定量的二次开发。因此,可以考虑把企业购买人力资源产品后再进行二次开发的模式归入共创模式。

一、简单便宜的租户模式

租户模式其实就是现在非常流行的SaaS模式。我们日常所使用的"飞书""钉钉"等办公协同软件都可以称作SaaS模式。这种模式适合无太多个性化需求的中小企业。企业只需要购买满足企业需求的功能、用户数量和使用期限,就可以登录SaaS模式的人力资源系统使用,不需要额外购买部署人力资源系统所需的硬件设备、云服务、操作系统和数据库等软、硬件设施,也不需要配置系统运维人员。

SaaS 模式最大的特点就是节约成本、按需付费和即租即用。在这种模式下，人力资源科技厂商为了进一步优化产品，提升产品竞争力，可以抽象出各家"租户"企业反馈的业务痛点和业务需求，并找出共同点，然后采用敏捷开发、快速迭代的方式进行产品功能的升级。采用"租户"模式最大的优点就是功能升级快，费用相对较低；最大的缺点是功能通用，无法满足企业个性化的需求，且系统无法自主掌控，数据安全性相对较低。

目前，人力资源系统的 SaaS 厂商越来越多，而且很多厂商都是由原来的人力资源服务公司转型而来的（原来仅仅是帮企业组织招聘、培训、工资代发和缴纳社保等），主要还是因为这种模式对人力资源科技厂商来说研发成本最低，属于一次投入、批量获客的模式，不用为每个企业客户单独开发。对于中小企业来说，不需要投入太多资源就可以享受到相对优质的人力资源系统通用产品和服务。

二、潜力无限的自研模式

自研模式指的是企业自主研发的模式。在企业自身定制化需求较多，市场上的人力资源系统标准产品又不能满足其业务需求的情况下，可以考虑采用自研模式。但这种模式仅适合"有资金、有技术、有能力"的大型企业，也就是需要企业具备雄厚的资金实力、强大的科研能力和较高的人力资源管理水平。采用自研模式的企业多为互联网大厂，如阿里巴巴、字节跳动等，或者是大型企业，如平安集团、中国工商银行等。

这种模式意味着投入巨大、周期很长，以平安集团研发 HR-X 为例，其花了 4 年时间研发，包括试错成本在内，累计投入超过 20 亿元，而且每年还在继续投入较高的研发成本，产品经理超过 100 人，开发人员超过 600 人。当然，自主研发最大的优点就是自主掌控，能够完全适配企业的各种需求，系统各模块之间联结成体系，整体性强，而且还可以进行产品化。目前，平安集团的 HR-X 人力资源系统不仅供企业内部使用，同时也将技术成果、知识成果对外输出，向其他有需要的企业进行销售，把人力资源系统的建设由成本中心变成了利润中心。

三、合作双赢的共创模式

共创模式也可以称作合作模式。一般是企业向人力资源科技厂商购买人力资源系统标准产品,再结合企业实际需求进行二次开发的形式。这种模式比较适合有一定的资金实力,具备较强的 IT 管理和人力资源管理水平,但缺乏专业领域的研发团队的大中型企业。

共创模式的优点是掌握核心技术,对系统有一定的自主掌控能力,基本适配企业的业务需求,投入的资金成本和人力成本在可控范围内;缺点是对企业和人力资源科技厂商甲乙双方的配合度要求较高,实施过程中需要双方加强沟通和协作,非常考验企业和人力资源科技厂商双方的管理水平和技术能力。

第十章　数字人力实施中的商务管理

很多企业在建设人力资源系统时采用的是共创模式，那么自然需要了解一下项目的商务管理内容。一个项目的成败，除前面提到的项目规划、需求提炼和实施策略很重要之外，商务管理也相当重要。

商务管理主要包括项目预算、尽职调查、风险评估、验证测试、商务谈判和合同签订等内容。

一、心里要有一本账

企业在做项目预算时，要充分考虑可能发生的费用，如软件产品费用、软件实施费用、软件开发费用、咨询服务费用、运行维护费用、硬件软件费用、人力资源费用、办公场地费用、开发设备费用和专用设备费用等。

（一）软件产品费用

软件产品费用主要是指人力资源系统标准产品的费用，人力资源科技厂商一般会按照人力资源系统的模块或功能分别进行报价。由于SaaS产品模式的出现，现在的人力资源系统软件产品费用还会按照SaaS模式部署、本地（私有云）

部署等方式进行报价。

(二) 软件实施费用

软件实施费用主要是指企业购买人力资源系统产品后,为确保企业的人力资源系统正常运行,需要乙方协助开展系统部署、数据移植、流程配置和权限配置等工作而产生的费用。

(三) 软件开发费用

软件开发费用主要是指为满足企业的个性化需求,人力资源科技厂商在人力资源系统标准产品之外,单独针对企业的需求进行二次开发而产生的费用。一般来说,企业购买软件产品后,如果需要进行二次开发,那么开发费用和实施费用可以合并。

(四) 咨询服务费用

咨询服务费用主要是在企业对如何实施人力资源系统项目不清楚的情况下,由专业咨询公司或者人力资源科技厂商协助开展咨询服务而产生的费用。

（五）运行维护费用

运行维护费用主要是指人力资源系统在企业上线运行后，为了确保后期出现各类问题时能得到人力资源科技厂商的及时解决，会在签订软件产品购买合同和软件开发实施合同时约定未来的运行维护费用。一般来说，会有一个免费运行维护时间期限。

（六）硬件软件费用

硬件软件费用主要是指支撑人力资源系统运行所需要的服务器、存储设备、操作系统、数据库和中间件等软、硬件设施。如果企业已经部署了私有云服务，那么通用硬件方面需要提出虚拟化服务器和存储空间的需求。

（七）人力资源费用

人力资源费用主要是指企业参与项目开发实施的人员费用。由于企业人力资源部门的人员本身就有本职工作，人力资源系统的开发建设需要投入大量的时间和精力，基本不可能兼职完成，因此，需要专门抽调相关人员参与该项工作，这一部分的人力资源费用也应该予以考虑。而且，如果企业想尽可能自主掌控人力资源系统，为未来的运维、二次开发奠定基础，甚至还需要投入一定的 IT 人员参与项目开发实施。

（八）办公场地费用

办公场地费用主要是指人力资源科技厂商在企业进行驻场式开发实施时，企业需安排一个独立的工作空间，包括项目组办公室、会议室和办公桌椅等办公场地所产生的费用。

（九）开发设备费用

开发设备费用主要是指在进行系统开发实施时，企业结合实际情况需要提供开发环境、测试环境和待投产环境而产生的费用，以及开发实施所需要的计算机、打印机、投影机和 Wi-Fi 等费用。

（十）专用设备费用

专用设备费用主要是指跟企业的业务需求相关，在实际工作中需要购置的专项设备费用，如人脸识别考勤机、身份证联网核查终端和智能证照管理柜等。

上述这些费用都需要结合企业的实际情况和业务需求进行认真调研后，再合理评估为项目总预算。

二、了解你的合作伙伴

对于企业准备合作的人力资源科技厂商,为了降低合作风险,需要从业务能力和专业技能(人力资源科技厂商提供必要服务的能力、对当前和未来要求的支持能力、关键人员的业务能力以及人力资源科技厂商在提供服务时所涉及的合作伙伴的服务能力)、运行与控制能力(提供的标准、政策和程序是否满足项目运行和控制的要求,包括内部控制、业务管理、商业秘密保护和雇员背景等)以及财务状况(财务报告和年度报告,近几年盈利情况,从事业务的时间、市场份额以及波动因素,技术费用支出)等角度进行分析,确保未来项目实施风险可控,提高项目成功率。

(一)经营能力

企业可以从人力资源科技厂商的成立时间、市场地位、发展趋势、资金安全和近几年盈利情况等方面进行调查了解。

为什么要了解人力资源科技厂商的经营情况呢?因为哪个企业都不想与自己正在合作的公司突然发生无法正常经营

或倒闭的情况。

从企业的经营能力可以看出企业的发展情况和市场的认可程度，如果一家科技公司的盈利情况逐年下滑，那么除了管理方面的原因外，在一定程度上可以看作是其产品在市场上缺乏竞争力。当然，有些在高速发展期的人力资源科技厂商，由于人员快速扩展、市场营销推广和产品研发投入的原因，有可能出现盈利不乐观甚至利润为负的情况，但若其背后有大量资本投入，其实并不缺乏现金流，那么实际上风险依然可控。

这些情况都需要企业认真进行调查分析，不能只看企业的表面情况。

（二）技术认证

虽然说证书不能代表科技公司的技术水平，但大多数情况下，通过 ISO 9001 及以上质量管理体系认证、CMMI 及以上认证或者安全认证等，其实是一种管理规范和技术实力的体现。拥有这些证书的科技公司，其可信度相对更高一些。

（三）高管团队

好的人力资源科技厂商首先是一家人力资源管理水平

很高的公司，其次才是一家技术很强的公司。很难想象一家人力资源管理很差的公司能做出一个很好的人力资源系统产品。

人力资源科技厂商高管人员的背景、格局和专业性，以及其对企业项目的重视程度，在很大程度上决定了人力资源系统产品的优劣，以及在未来对企业项目所需资源的投入度和倾斜度。

（四）技术团队

企业对人力资源科技厂商的技术团队近几年的结构、人数和水平，技术团队参与以往项目的情况，以及公司现在开展项目的情况和技术团队的合作模式都需要进行了解。否则，作为甲方的企业很可能会陷入项目推动无力、问题解决无门、研发周期延长的境地。

（五）市场评价

从人力资源科技厂商的经典成功案例中，可以了解到人力资源科技厂商是否服务过行业、规模和组织架构相近或类似的合作企业，这些以往合作企业的案例和口碑可以作为未来合作的重要参考依据。

（六）合规评价

合规评价主要是看人力资源科技厂商有没有不良经营历史、违规违纪以及一些合同纠纷等。关于合规经营的这些内容，企业可以通过企查查、天眼查等工具进行工商和司法信息核查，查询人力资源科技厂商是否被列为失信被执行人，是否受到行政处罚，避免企业与之合作后出现类似的情况。

（七）驻场服务

人力资源科技厂商为了提高开发人员使用效率、降低经营成本，一般会结合公司所有项目的进展情况，灵活调配开发人员，不会长期只为一个项目服务。有的人力资源科技厂商还成立了"代码工厂"，基本是现场安排一定的实施人员，而开发人员在远程进行流水线式的开发作业。在这种情况下，企业的需求很难直接传导给开发人员，存在需求信息传导缺失和沟通效率的问题，将极大地影响开发质量和开发效率。因此，如果企业需要二次开发，那么开发人员、实施人员的驻场服务很重要。

三、风险考虑要全面

企业在实施人力资源系统项目时,还需要进行风险评估,主要包括战略风险、法律风险、声誉风险、合规风险、操作风险、国别风险、技术风险、业务风险和管控能力等。

(一)战略风险

从企业发展战略与信息科技战略的一致性角度进行评估,主要分析项目建设是否有利于企业发展,企业是否有能力掌握项目核心技术。

(二)法律风险

从合同内容对人力资源科技厂商的约束角度进行分析,包括其服务的范围和标准、服务保密性和安全性的安排、业务连续性的安排、审计检查、争端解决机制、合同或协议变更或终止的过渡安排和违约责任等方面。

企业最好使用经过法务部门审核过的格式合同,合同中签署相应知识产权及保密条款。

(三)声誉风险

从开展合作项目活动时,可能遇到的影响企业声誉的业务经营、员工信息安全等事件角度进行分析。在系统建设时,可考虑通过加密、权限管理和流程监控等多种手段,对数据流转的全过程实现安全控制,防范因信息泄露造成的声誉风险。

(四)合规风险

从人力资源科技厂商资质的合规性、经营管理的合规性、项目实施的合规性以及企业管理的合规性角度进行分析。

(五)操作风险

从人力资源科技厂商技术失误、服务违约、项目实施过程中的操作失误和项目所建系统可能存在的操作风险角度进行分析。为加强对操作风险的重视程度,企业应在合同中明确人力资源科技厂商的违约等处罚条款。

(六)国别风险

从人力资源科技厂商企业性质,即本土企业或国外厂商角度进行分析，国外企业可能在政治和经济政策、企业管理模式、思维习惯和语言沟通等方面存在风险。

（七）技术风险

从人力资源科技厂商由于技术上的不足或缺陷以及技术分析和决策失误等原因给项目带来损失的可能性角度进行分析。

（八）业务风险

这里的业务风险主要是指业务连续性风险。从项目实施过程中可能存在的人力资源业务运营中断事件风险，以及在组织实施应急响应、恢复业务和保障重要业务持续运营过程中存在的风险的角度进行分析。企业需要制定可行的应急预案，在出现业务连续性风险时及时进行应急响应。

（九）管控能力

从企业需求牵头部门或项目组管理机制、项目组成员的管理经验和项目实施过程中外包过程管理能力（如发现有偏差时能否及时修正）等方面进行分析。

四、验证 PPT 内容的真实性

验证测试（proof of concept），一般也称 POC 测试，是业界流行的针对客户具体应用的验证性测试。根据企业提出的功能需求、性能要求等内容，在系统上进行真实数据的运行，测试系统功能实现的可行性，并对承载用户数据量和运行时间进行实际测算，验证系统和平台的业务功能、承载能力和系统性能。通俗地讲，就是"是骡子是马，拉出来遛遛"。

企业前期在进行人力资源科技厂商调研时，可能会更多地听取人力资源公司的产品营销介绍，人力资源科技厂商的售前人员会更多地讲产品亮点和特点，并不会从企业的实际需求出发，因此调研时需要注意，PPT 的精彩不能代表产品的优秀！

在人力资源系统选型阶段，一些企业的业务流程比较复杂，并非单一的功能性演示就能覆盖现实的业务需求（更不用说 PPT 演示了），这时候需要针对具体业务需求进行逐一测试，通过项目需求的导入与测试，从真实业务的场景来验证系统方案是否能满足企业的需求，从而做出更客观、更准确的判断。同时，也可以进一步了解产品本身不具备哪些功能，需要单独进行二次开发，并评估开发量、开发时间和开发成本。

验证测试一定要严谨，要把各项需求逐一进行落地验证，切不可"拍脑袋想当然"，也不能相信人力资源科技厂商"拍胸脯瞎保证"，不然企业在推进项目实施时有可能会"拍大腿真后悔"，最后干不好只能"拍屁股快走人"。

五、最合适的谈判模式

企业在选择合作的人力资源科技厂商时，一般有三种商务谈判方式，分别是单一来源采购、招标和竞争性谈判。

（1）单一来源采购。这种模式适合市场上没有同类产品，或者该类产品拥有独有的知识产权，或者产品的优势特别明显，并经过市场验证后得到广泛好评。人力资源系统中需要配置的一些专用设备可以采用此类采购模式，如智能证照管理柜。

（2）招标。招标是企业采用比较多的形式，它的优点是企业可以以最低价格获得产品和开发实施服务。对于一个标准产品,在性能、质量相同的前提下,招标是最佳的方式。若企业的人力资源系统项目不是一个标准产品,需要进行二次开发,招标的方式不见得最优。如果采用招标,人力资源科技厂商往往会按照能承受的最低价格进行报价。但是缺点也显而易见,因为不排除有些人力资源科技厂商为了中标而刻意压低报价,但是实际上产品质量和开发实施能力不足。这类人力资源科技厂商就算低价中标,后期也存在废标的可能性,还有可能会耽误企业项目进度和项目质量,达不到预期的效果。

(3)竞争性谈判。这种方式比较适合企业采购非标的产品,或者企业有个性化的需求,需要对产品进行二次开发的情况。这种方式的好处是,企业可以不以最低价中标,而是真正选取性价比最优的产品,或者优先考虑产品质量,再考虑产品价格,把恶意低价或者价格离谱的供应商排除在外。而作为乙方的人力资源科技厂商,也可以结合产品的市场价格和开发量给出合理的报价。当然,有些人力资源科技厂商有可能是为了打造"灯塔客户"(指在某些行业或领域的第一个优质客户)而出现不惜血本的情况。如果这家人力资源科技厂商实力够强,那么可以说这是双赢的机会。

上述三种商务谈判方式如何选择，需要企业结合实际情况，并对乙方有深入的了解。

六、注重契约精神

合同的签订主要包括费用明细、支付方式、开发需求说明、约定开发周期和开发质量等内容。

为了确保项目开发进度，企业需要在合同内约定开发周期，对于超出开发周期的情况，一定要提出约束性条件和违约处罚措施，这样才能在一定程度上保证人力资源科技厂商的人员投入和人才投入。

为了确保项目开发质量，在合同内也需要对系统的BUG[①]数量有一定的要求，避免出现人力资源科技厂商为了追求产品开发效率而忽视产品质量的情况。

[①] BUG 指软件错误，用于表达造成不正确或非预期结果和行为的软件故障、漏洞和失效等。

第十一章　团队是项目成功的关键

项目进入开发实施阶段后，企业和人力资源科技厂商都需要建立相应的项目团队，进而形成系统建设的项目组。项目团队成员的组成对项目开发实施的成败至关重要。

一、甲方乙方都很重要

（一）组织架构

项目组的组织架构一般可以分为三个层级，分别是领导层、管理层和执行层。

1. 领导层

领导层对应成立项目领导组，成员主要包括企业和人力资源科技厂商甲乙双方的高层，主要负责掌握项目方向，参加项目的重要会议，组织、协调和决策与项目相关的重大事项。

2. 管理层

管理层对应成立项目管理组，由项目组组长、项目经理和商务经理构成。项目组组长、项目经理和商务经理也分别由甲乙双方具体负责该项目的管理人员组成，主要负责确定项目的工作方法，确保实施方案的质量，支持项目执行层面的各项工作。

3. 执行层

执行层对应成立系统架构组、业务方案组、实施交付组、技术支持组、运维服务组和专家顾问组，这些小组同样也包括甲乙双方的相关参与人员，具体负责执行各项任务的具体工作，小组成员之间开展日常协作，确保项目进度和质量。其中，专家顾问组主要负责提供方法论支持和专家级建议。

（二）甲方团队

1. 可分阶段投入人员

在进入开发实施阶段之前，企业需要进行项目调研、规划蓝图、提炼需求、项目评审、项目立项和商务谈判等诸多环节。开展这些环节的工作时，企业如果有条件可以提前组建项目团队，便于参与的人员在深入理解人力资源数字化转型的基础上开展项目实施工作。如果人员紧张，那么也可以考虑分阶段投入相关人员。例如，在项目需求阶段可以临时抽调一部分 HR 骨干人员参与项目需求讨论和需求撰写，在其他阶段可以由负责项目的专职人员开展相关工作。

2. 务必选拔优秀人才

进入开发实施阶段之后，企业的项目组成员需要充实力量，此时不是看项目组人员的数量，而是看人才的数量，"超级个体"远比一般人员发挥的作用大。很多企业都知道发展信息科技，也知道信息科技的重要性，但是在真正组建团队时却没有投入足够优秀的骨干，结果做出来的项目自然不尽如人意。为了从根本上解决这个问题，在成立项目组时可以采用人才选拔的方式，需要做好项目的前期宣传工作，在企业内广而告之项目的重大意义，并辅以配套的正向激励机制。

对于人力资源数字化转型这种需要开拓创新的项目，项目组团队成员需要具备一定的工作经验，以及超强的自驱力、学习力和创新力。

自驱力体现在团队成员的主观意愿上，只有个人主动愿意参与项目，才会在项目实施过程中不计个人得失，工作态度积极主动，展现出超高的员工敬业度。

学习力体现在团队成员的学习能力上。人力资源数字化的发展在当今时代突飞猛进，构建数字化思维需要团队成员主动学习、持续学习，不断成长。

创新力体现在团队成员的创新精神上，面对日新月异的数字化技术，在项目实施过程中是否敢于革命、勇于尝试至关重要。如果团队成员在人力资源数字化转型项目中因循守旧、不敢试错，那么是无法做好项目的。这个时代的 HR 不仅需要懂"算法"，更需要有"想法"。

3. 既懂业务又懂技术

推进人力资源数字化转型需要 HR 既懂业务又懂技术，然而现实中这种 HR 比较少。我在调研中发现，有几家人力资源系统做得比较好的企业，都会自身配备两个团队，一个是企业人力资源部中的 HR 业务团队，另一个是企业信息技术部门中的 HR 技术团队，类似于 ITBP（信息科技业务伙伴）的意思。因此，我在组建项目团队时，相应地也成立了 HR 和 IT 两个团队。其中，HR 团队负责业务需求、用户测试和系统培训等相关工作；IT 团队与乙方的项目团队一起参与项目开发与实施，为未来自主掌控人力资源系统奠定基础，实现人力资源系统开发运营一体化。从实施效果来看，这两个团队的同时存在对项目的顺利推进起到了一定作用。

（三）乙方团队

乙方团队成员在执行层主要有四类人员，分别是方案设计类、配置开发类、实施交付类和技术管理类。方案设计类根据工作内容分为集成方案设计人员、产品方案设计人员、业务方案设计人员和UI方案设计人员；配置开发类主要包括集成开发人员和功能开发人员；实施交付类主要包括系统实施人员和系统测试人员；技术管理类主要包括系统部署人员和技术管理人员；等等。

从实施效果来看，企业最好要求乙方的项目团队实行驻场开发实施，特别是产品经理、开发人员、实施人员、UI设计师和交互设计师在企业现场参与项目开发，将极大地提高项目的开发效率和开发质量。

二、实现"幸福曲线"

（一）入场管理

入场管理是指甲方对乙方入场时提出的管理要求，主要包括团队配置、入场流程和驻场规范。

团队配置。甲方要对乙方的团队人员配置提出具体要求，并明确相应的职责。

入场流程。召开项目启动会，开展人员面试，签订保密协议和办理入场手续。在人员面试环节，甲方企业一定要认真对待并开展对乙方开发实施人员的面试工作，确保乙方参与项目人员的素质和能力达到甲方要求，不能完全寄希望于乙方自行安排。

驻场规范。明确驻场人员，并强调人员的稳定性，确保项目实施顺畅有序。

（二）沟通管理

成功的项目管理中很难衡量沟通所起的作用到底有多大，但失败的项目无一例外都存在沟通不畅的问题。

项目组在开发实施过程中，需要加强沟通管理。沟通的形式主要包括周例会、月度分析会、里程碑评审会、重要事项沟通会和临时沟通会议等。沟通的方式可以结合实际情况，采用现场会议、远程会议、书面文件或电子文件。

周例会每周固定时间召开，沟通内容是本周工作总结及下周工作计划，分析项目目前存在的问题，明确处理办法。

月度分析会的目的是使项目组内部了解项目进展，统一思想，收集各小组成员对项目的想法，同样也要分析存在的问题，明确处理办法。

里程碑评审会主要评审里程碑工作完成情况，确认交付物。

重要事项沟通会主要针对项目中的关键事项进行沟通，解决争议，统一思想。

临时沟通会议不定期召开，目的是针对某项具体内容加强交流，及时解决问题。

项目实施过程中，对于问题和困难，项目组成员要本着通力合作、达成共识的原则，加强沟通，积极寻求解决问题的方法和途径，不可互相指责和抱怨，使简单问题复杂化。

（三）实施管理

人力资源系统项目的开发实施要遵循实施规律，加强实施管理。

项目有不可压缩的最短周期，项目组在开发实施过程中不能一味地追求速度，否则会造成欲速而不达的后果。甲乙双方要合理评估项目周期,并制订项目里程碑计划。

合理安排工作进度,不能前松后紧。项目实施过程中,要合理安排工作节奏,不能无谓拖延,如果总是在逼近里程碑时间节点时才加班加点,往往容易造成项目失败。

唯美求全往往要付出沉重的代价,甚至偏离目标更远。知名社交网站 Facebook 的创始人扎克伯格在办公室有这么一句标语:完成比完美更重要!在实施过程中,难免会遇到需求考虑不周的情况,这时候需要审慎评估,在影响不大的情况下,可以考虑后期进行迭代优化处理。不然,追求完美可能使项目建设变得遥遥无期。

双方项目组的信任是项目成功的保障,默契配合是项目组最大的财富。

人力资源系统是横跨人力资源、财务部门、办公室、信息科技部门和业务经营等部门的综合管理系统,并非人力资源一个部门的事情,需要全员共同参与。

甲乙双方项目组在整个项目中会经历一个类似"幸福曲线"的心路历程,如图 11-1 所示,所有的人都难以避免进入厌恶期,双方项目组要有正确的认识和充分的心理准备。

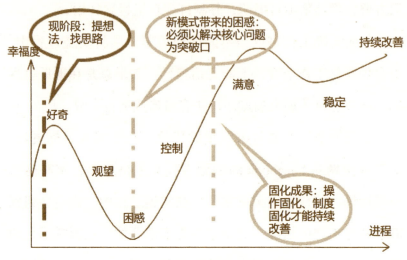

图 11-1 幸福曲线

业务需求部门和项目组"同层办公"很重要,及时解决业务需求问题将使项目的开发实施效率大为提高,这是项目敏捷的根本保障。

第十二章 数字人力正式出征

如果项目前期准备充分，那么正式进入开发实施阶段后，项目的推进速度将会很快，但是依然有很多需要注意的地方，如沟通交流、需求管理、数据治理和系统测试等。

一、项目启动

项目启动时，甲乙双方需要召开项目启动会。

项目启动会的议程主要包括甲方项目组介绍项目背景，乙方项目组介绍项目实施方案、实施策略及工作计划，甲乙双方领导分别进行发言和总结动员。

项目启动会具有仪式感，甲乙双方的高层领导和项目组成员全员参与，可以进一步增强大家对项目的重视程度。

二、项目交流

为何进入开发实施阶段后，甲乙双方还要进行项目交流？

这个跟人力资源科技厂商的经营模式相关。人力资源科技厂商目前一般分为售前、售中和售后三类人员。售前是产品销售顾问，售中是开发实施人员，售后是运行维护人员。

前期与甲方企业进行业务交流的往往都是售前人员，这类人员具备良好的营销技巧和沟通能力，但是并不负责开发实施。当真正进入开发实施阶段时，人力资源科技厂商又换成了售中人员，这些开发实施人员对项目的情况其实并不清楚，那么开展项目交流就成为必须要做的事情。

三、需求管理

在项目开发实施过程中，有一种常见的情况就是需求变更。不论甲方在事前的需求调研阶段做得多么仔细，依然不可避免地在开发实施过程中会发生需求变更。为了保证项目的成功，需求管理就变得格外重要。

甲方企业对需求的变更一定要慎重，越是在项目时间紧张的时候，越要深思熟虑、统筹考虑，不能"头疼医头，脚疼医脚"，也不能随意延伸需求，而要把握需求边界，切实结合实际情况进行评估。这一点很重要！

需求的变更要进行集中讨论，便于项目组成员信息透明，并及时发现潜在问题。需要注意的是，需求的反复变更会极大地消耗项目组人员的时间和精力，也会极大地影响项目实施进度。

四、数据治理

人力资源管理工作涉及企业每名员工的切身利益,与员工相关的信息数据量极大。很多企业管理者可能都认为自己企业的人力资源数据很准确,但是事实证明,任何企业都需要开展数据治理工作。

数据治理是一项长期的工作,不可能一蹴而就。这里面有 HR 专员操作失误产生的差错数据,有原始资料出现问题的数据,也有随着需求发展产生的数据缺失。因此,在数字化人力资源系统的建设过程中有一项重点工作就是明确数据标准、做好数据治理。需要注意的是,如果企业需要做历史数据移植,那么还需要对历史数据进行检查和验证,并对错误的、缺失的数据进行修改和完善。

五、系统测试

项目进入开发实施阶段时,系统建设的内容主要包括开发和实施两部分。其中，开发工作包括业务功能开发、三方接口开发、UI 设计和交互设计等内容；实施工作包括系统的各项配置，如权限配置、角色配置、流程配置和功能配置等。

完成开发和实施工作后，乙方需要自行开展单元测试、集成测试和回归测试，然后才可以进入甲方的用户测试阶段。在用户测试阶段，甲方的业务需求部门需要开展功能测试，信息科技部门需要开展安全测试、性能测试和兼容性测试。

企业在开展功能测试时，注意不要用简单的业务场景替代真实业务场景，务必以真实业务场景为准绳，撰写测试案例，并进行验证测试。要知道，上线前发现问题不可怕，可怕的是上线后问题层出不穷。上线前偷的懒，上线后一定会加倍还回去。

六、系统培训

在信息化人力资源系统阶段，由于系统的用户仅仅是 HR 和高级管理者，培训更多地也是这两类用户，人员范围不大，人数也不会很多。

然而，当进入数字化人力资源系统阶段，系统的用户是全体员工，那么需要培训的对象将成规模地增长，人力资源部门要做好充分的准备。一是可以设计展示人力资源系统功能的 HTML5 页面、短视频等，广泛开展宣传活动；二是分阶段、分步骤开展全体员工的培训工作。如果企业内部分支机构众多，那么可以先开展试点单位的培训，再开展全部机构的 HR 培训，最后再扩展到全体员工的培训。

七、系统上线

系统上线是人力资源系统建设的关键里程碑。在前期开发实施阶段应该关注的重点是系统的功能和性能。然而，在系统上线阶段，需要关注的重点则是数据移植、三方接口联调等基础性工作。

数据的准确性是未来实现人力资源数字化的基础。数据移植后，企业需要通过各种方式验证结果。数据移植的成败直接关系人力资源系统建设的成败。

人力资源系统一般作为企业组织架构、岗位和人员的主数据系统，为其他系统提供相关数据；三方接口的正常运行关系其他系统的正常运转，因此，此环节也不能掉以轻心。

第十三章　避坑指南

一、不要迷信本书

人力资源数字化转型只有开始,没有结束。本书中的人力资源科技场景和项目实施等方面的内容有限,还有很多内容值得我们去探索、去创新,限于本人对人力资源数字化转型的认知程度和有限的实施经验,希望本书能给大家带来一些收获,同时也希望不要带给大家结果偏见。

尽信书不如无书。我们看到一个人获得了成功,就会很自然地认为他的成功经验都是对的,可成功者的经验也可能恰恰是他没有获得更大成功的绊脚石。我们需要注意的是,结果成功并不代表过程正确,说不定还有更好的途径和方法。

"学而不思则罔,思而不学则殆。"在推进人力资源数字化转型的过程中,面对发展迅猛的数字化技术,既要广泛学习、持续学习,又要善于倾听、学习专家学者、咨询顾问、头部企业和科技厂商的知识及经验分享,同时也要结合企业的实际情况加强思考,促进思维转型和开拓创新。

人力资源数字化转型需要思维转型和创新精神,希望参与其中的人都能敢想敢干、勇于试错,只有这样,人力资源数字化转型成功才会指日可待。

二、不要迷信咨询

不可否认,市场上知名的咨询公司都有很成熟的研究方法论,通过对企业各级管理者和员工的调研、访谈,并采用同业对比的方式,可以针对企业的问题进行诊断,提出企业的发展方向和工作举措。

然而,我们需要注意的是,人力资源数字化转型本身就是一个创新事物,市场上并没有很成熟或者很完善的成功经验可以学习借鉴,大家都在摸索中前行。方法论和落地实施中间是有很大差距的,我们可以与咨询公司开展合作,共同去探索、研究人力资源数字化转型,但切不可迷信咨询公司的作用。人力资源数字化转型的落地实施,关键还是要依靠企业自身的力量。

三、不要迷信评奖

目前,国内有一些人力资源科技资讯公司对推动人力资源科技的发展起到了积极的作用，贡献了很多有价值的资讯和信息。市场上也有很多人力资源的相关机构开展了各种各样的评奖活动，很多人力资源科技厂商都会参与其中，并获得了一些奖项，这些奖项其实与企业项目开发实施的关系不大。目前，可以说还没有一家比较权威的机构对所有人力资源科技厂商的技术水平、研发力量、产品特性和实施能力进行评价，基本上都还属于口碑相传的阶段。

企业在推进人力资源数字化转型时，对于人力资源系统的建设，要从系统的先进性、易用性、兼容性、灵活性、安全性、稳定性和扩展性等多方面进行考虑。如果要和人力资源科技厂商合作，那么在选型阶段，一定要多看、多听、多试，切不可仅仅看厂商获得了几个奖项。

我们在选择乙方时，可以从公司实力、技术水平、咨询能力、实施经验和服务配合五个维度进行测评打分。

（一）公司实力

主要考察人力资源科技厂商的持续经营能力和科技人才队伍。关键有两点：一是要看人力资源科技厂商的财务情况，主要包括其现金流和近几年的盈利情况；二是看人力资源科技厂商的员工结构和科技人才队伍情况，确保合作厂商的经营情况正常，员工队伍有充足的人员为企业提供服务。这个指标的权重可以设为 20%。

（二）技术水平

主要考察人力资源科技厂商目前采用的开发技术，拥有的开发能力，以及产品设计、实施方案和解决问题的能力，是否拥有专利权，是否能够满足企业各项复杂的功能需求和非功能性需求，是否通过了企业人力资源系统项目的 POC 验证。

对于厂商的技术水平，要综合考虑系统产品功能、产品二次开发、报表开发、UI 设计、交互设计、私有云部署、单点登录、数据移植、三方接口开发、数据库适配、产品自动化测试验证和系统迭代升级能力等方面。这个指标的权重可以设为 30%。

（三）咨询能力

主要考察人力资源科技厂商对数字化人力资源的理解能力和调查研究能力，是否具备能够帮助企业优化数据标准和业务流程并提出系统建设合理化建议的能力。我们可以相信，一家人力资源管理水平很高的厂商，做出来的人力资源系统产品不会太差。这个指标的权重可以设为10%。

（四）实施经验

主要考察人力资源科技厂商近几年的项目实施情况，了解是否有和企业行业、规模和组织架构相当的成功案例。同时可以通过实施案例的项目联系人，了解厂商的信用、声誉和项目实施效果。这个指标的权重可以设为10%。

（五）服务配合

主要考察人力资源科技厂商的服务意愿和服务态度，是否愿意在企业的项目中投入人力支持，甚至为了"客户成功"可以"不计成本"地投入，在系统建设中是否具备"匠心精神"，是否愿意打磨产品，是否愿意站在企业的角度开发实施系统。需要注意的是，服务配合度与厂商的企业性质和规模大小无关，仅仅与厂商的合作意愿相关，服务配合度直接关系到系统开发实施的成效。这个指标的权重可以设为30%。

上述指标维度和权重，企业可以自行评价和调整。通过类似这种测评打分，可以规避企业选择厂商时潜在的主观意识带来的风险，确保企业能选择合适的合作厂商。

四、不要指望他人

躬身入局！躬身入局！躬身入局！重要的事说三遍。企业负责人力资源数字化转型的人员在推进这项工作时，可以"借力"，在工作中尽力争取领导和同事的支持，与咨询公司或者人力资源科技厂商密切配合，但是切不可指望他人，因为在人力资源数字化转型的过程中我们都是在摸索中前行。

每个企业的情况都不一样，企业里的各级员工对数字化转型的认知和理解也不一样，作为乙方的咨询公司或者人力资源科技厂商不可能在短时间内完全掌握企业的实际情况。因此，人力资源数字化转型需要我们积极转变思维，持续地主动学习和认真思考，也需要我们不断地突破自己，不断地锐意进取和开拓创新。

"正确的路，往往是最难走的路。"人力资源数字化转型是一条很艰难的路，但是在这个不确定的时代，它又是一条确定的路，需要参与其中的我们勇于承担责任和风险，不计个人得失。

五、不要盲目乐观

瑞·达利欧（Ray Dalio）在《原则》一书中提到："准确的自我认识是在工作和生活中取得成功的关键。"在实施数字化人力资源系统项目建设时，要充分考虑开发实施的难度，要认清企业和人力资源科技厂商甲乙双方的能力，不要盲目乐观。所谓的盲目乐观往往体现在需求完美、时间充裕、方案最优和人员稳定等方面。

（一）需求完美

没有完美的需求，需求一定是不断完善的。在人力资源系统开发实施过程中，我们发现企业经常会提出新的需求，就算我们前期调研得再充分，也一样有很多细节考虑得并不完美。在实际工作中，项目开发实施人员要面对现实，合理规划，加强需求控制，确保人力资源系统项目"先完成、再完美"。

（二）时间充裕

时间永远是不够用的。项目在实施过程中，要充分加强沟通、密切配合，严格按照时间进度推进项目实施。然而，在实际工作中，经常会发生沟通不畅、开发缓慢、问题复现、验证有误和黑天鹅事件[①]（如 2020 年新型冠状病毒肺炎疫情）等不可预计的诸多问题，很有可能会导致项目延期。

因此，在项目开发实施过程中，切不可"前松后紧"，不要想当然地以为时间充裕，就"按部就班，一步一动"，而应该形成团结紧张的氛围，全速推进项目，把解决意外问题的时间预留出来。如果项目中发现延误内容，需要及时跟踪解决，确保项目有序推进，按时完成。

（三）方案最优

没有经过实际验证的解决方案都可能存在问题。在项目实施过程中，我们要认真研究业务需求对应的解决方案，充分考虑业务发生的各种情况，加大系统验证测试的力度，确保解决方案最优。

有时候想象中的"最优方案"，在项目实施过程中说不定会导致"走弯路"，最后不得不重新研究解决方案。

（四）人员稳定

要相信，IT 人员的流动性一般会高于其他岗位的人员。

[①] 黑天鹅事件是指非常难以预测且影响重大的事件。

为保证项目实施顺利，我们要充分考虑团队成员的稳定性。从实际情况看，就算是大型厂商也不可能保证团队成员在项目中的稳定性，有时候会发生团队成员生病、离职等情况。为避免出现这种情况时影响项目进度，需要做好替补人员准备。

六、不要过分悲观

有句话叫"悲观者往往正确，但乐观者往往成功"。我们不能盲目乐观，但也不能过分悲观。

在人力资源系统建设过程中，项目团队将会遇到一个又一个的困难，甚至有些困难看似是不可能解决的问题。然而，过分悲观会使团队氛围压抑，士气低落，充满负能量。在这种环境下，我们是不可能实现成功的目标的。我们要相信"没有解决不了的问题""办法总比问题多"。只有不惧怕失败，才会取得最终胜利。

七、不要墨守成规

时移世易。时代变迁，世事发生了很大的变化，企业以往的成功经验和管理模式不能代表未来就一定适用。

随着数字化技术的发展，人力资源的运营模式将发生颠覆式的变化，人力资源管理由"管控"向"服务和赋能"方向转变，员工体验将成为重中之重。这不是夸大其词，而是已经逐步发生在我们身边的事情。例如，电子合同的广泛应用、AI面试的蓬勃发展、千人千面的培训模式等。

我们在推进人力资源数字化转型时，首先要转变的就是思维，要从管理的本质出发，要以人为本、讲人性，切不可过于保守、墨守成规。在建设数字化人力资源系统时，要认真分析我们碰到的是管理问题、业务问题，还是系统问题、技术问题，然后再逐步解决这些问题，千万不能有"以前都是这么干的"这种思维。

八、不要越界施为

在一个组织架构为职能式的大中型企业里，"部门墙"的存在是不可避免的，部门之间加强沟通协调是我们需要努力去做的工作，拆掉"部门墙"也是我们的美好愿景。之所以说是美好愿景，是因为这件事情解决起来没那么容易。

在建设人力资源系统的过程中，虽然需要主动作为、敢于担当，然而面对现实的情况，我们仍然要做好管理职责的边界切分工作，当条件不具备时，有些需求或者功能可以暂时放弃，待条件成熟时再优化。例如，企业的办公室通常负责 OA 管理和印章管理，如果人力资源系统的需求中涉及印章的部分，那么就需要与办公室进行沟通，如果办公室尚未推广电子印章，那么我们就暂时不具备满足电子合同需求的条件，这个时候为了不影响人力资源系统项目开发实施进度，可以选择暂时放弃。不然，就会因为这一个跨部门的功能需求无法满足而导致整个项目延期，甚至无法落地。

九、不要急功近利

2020 年有一部很火的电视剧《大秦赋》，我们在剧中可以看到秦王有统一六国的雄心壮志。为了天下一统，秦王按照规划步步为营、久久为功，终成大业。但是，秦王消灭六国的过程也不是一帆风顺的，其间由于急功近利也遭遇过失败。

人力资源数字化转型也如此，需要我们结合企业实际情况，做好转型规划和蓝图设计。当企业有足够的人才和资金支持时，我们可以采用多产品线的方式协同推进，提高数字化人力资源系统建设效率；当企业投入的资源有限时，则需要集中优势力量，量力而行，分步实施，逐步推进。

"敏捷开发""快速迭代"都需要结合项目的实际情况去开展，在没有想清楚如何实施时，如果操之过急，反而容易出现问题。

十、不要人才断档

（一）加强人才留任管理

人力资源数字化转型成功的关键在于人。企业要加强对数字化人才的关心，要给予团队成员身份认同，企业管理者要加强团队建设，为人才排除后顾之忧，塑造良好的工作氛围，提升员工的使命感，并建立相应的正向激励机制，从而提升人才的稳定性，确保优秀人才不流失。

（二）重视人才梯队建设

很多人一提起人才梯队建设，就会联想到后备人才库。

其实人才梯队和后备人才有着鲜明的差别，它们是两个概念。从基本原理看，后备人才是以企业的岗位为核心，围绕岗位去找高潜人才，而人才梯队是以人为核心，平衡企业发展和个人发展需求。人才梯队建设是形成依靠人但不依赖人，能够保障企业自我新陈代谢的关键。

人力资源数字化转型非一日之功，我们要秉承持之以恒、锲而不舍、久久为功的理念徐徐推进。在推进人力资源数字化转型的过程中，我们要努力招募到优秀的数字化人才，并形成稳定的团队，但是也要认识到"铁打的营盘流水的兵"是企业的常态。因此，在推动人力资源数字化转型的过程中，也要重视人才梯队建设，确保依靠人才但不依赖个人，这也是人力资源数字化转型成功的关键。

最后，衷心祝愿所有踏上"数字人力征途"的朋友能够成功！